4つのキルトの物語

4つのキルトの物語

CONTENTS

はじめに	6
四季のウォールポケット	7

spring — 8
花のアップリケのバッグとポーチとミニキルト	8
「シャロンのばら」のキルトと額	10
「シャロンのばら」のクッション2点	11
ポケットつきエプロン	12
コーヒー用3点セット	13
ボタンのポーチと携帯電話ケース	14
刺しゅうの巾着とポーチ	15
手づくりのおはなし・1　キャンドルウィック	16

summer — 17
お花のソーイングケース2点とテーブルランナー	18
マウンテンリリーの小物3点	20
刺しゅうのミニキルト	22
ハウスのブローチとピンクッション	23
手づくりのおはなし・2　紅茶染め	24

プロフィール

古澤恵美子　Emiko Furusawa
1980年からパッチワークを始め、斉藤謠子先生に師事する。
1991年、教室「キルトバーム」(キルトが好きな仲間たちの意味)をスタート。
2001年に独立し、教室兼キルトショップ「AMERICAN PATCHWORK HOUSE QUILT BUM」をオープン。静かで緑豊かな環境の中で、自然の中にある色を大切に、キルトを作り続けている。
著書に、「大草原の小さな家のキルトのある暮らし」(主婦と生活社刊)。

autumn	26
アンティークテイストのミニキルト5点	28
バスケットの3点セット	30
風車の3点セット	32
木の実のリース	33
ポーチつきのショルダーバッグ	34
レッスンバッグ	35
ヘキサゴンの小物入れとミニキルト	36
「のこぎりの歯」のバッグとポーチ	37
手づくりのおはなし・3　パーツのこと	38
winter	40
ウールのマット	42
刺しゅうのベッドカバーとクッション	44
冬のお出掛け3点セット	46
裂き布のバスケット2点	47
お花のパターンの3点セット	48
スノードロップのバスケットと小物入れ	49
手づくりのおはなし・4　ウールのこと	50
パッチワークの基本テクニック	51
作品の作り方	53
基本の刺しゅう	89

SHOP&SCHOOL
AMERICAN PATCHWORK HOUSE
QUILT BUM
キルトバーム
〒289-1115　千葉県八街市八街ほ811-53
TEL&FAX　043(441)2063
E-mail　quiltbum@taupe.plala.or.jp

緑豊かな地に建つログハウスに、厳選したトープカラーのコットンやウール、刺しゅう糸などの素材がいっぱい詰まったお店。

誰もが、どんな環境にいても、自分らしいキルトを作ることができます。立派なものをと意気込まなくても、身近な人が喜んでくれたらいい。雑草の花や、身の周りにある何げないものの愛らしさに目をやってみてほしいのです。

キルトバームでの日々の中、生徒さんやスタッフと協力して作品を作り、また出版にあたってはたくさんの皆様のお力をいただいてこの本ができたことをうれしく思います。

はじめに

あの日出合った1枚のアンティークキルトが、
こんなにも長い間私とキルトを結びつけることになるとは、
思いませんでした。

それは1800年代のアメリカの、作者不明のキルト。
一面に赤い実がアップリケされたキルトの前で、
身動きがとれませんでした。
キルトがひとりでにストーリーを語りはじめ、
子供の頃からあこがれていたアメリカの風景が
あざやかに浮かんだのです。

100年以上の時を経て今私を感動させるそのキルトは、
私も何か残すことができるかもしれない、と思わせてくれました。
私が今ここにいることを、証すことができるかもしれない。

その思いのままずっと、今日もキルトを作っています。

ミニキルトや小物たちは小さなかわいいお話を、
大きなキルトは長い長い物語を語って…。
キルトはおしゃべりです。

アトリエであるキルトバームで、四季はゆったりとめぐります。
そこからたくさんの、おしゃべりな作品たちが生まれました。

キルトたちのお話を聞いてあげてください。

古澤 恵美子

作り方 53 page

四季のウォールポケット

キルトバームの四季をアップリケした
春のポケット、夏のポケット
秋のポケット、冬のポケット
それぞれの季節の大切な思い出をしまって…

48.5 × 41.5cm

花のアップリケの バッグとポーチとミニキルト

春を待ちわびた
やわらかい日射しの中で
アップリケの花たちが
さわやかに揺れています

バッグ　高さ25cm
ポーチ　幅11cm
ミニキルト　37×37cm

作り方 54 page

spring

キルトバームの周囲には、

ハーブガーデンが広がっています。

まず最初に、一番せっかちなカモミールが春を告げてくれます。

その白くて小さな花は、そよ風の中でとっても上機嫌です。

二番めに咲くのは、濃い紫色のすみれ。

自然に種が飛んで、いつのまにか

庭じゅうがすみれ畑になっていました。

毎年、庭のあちらこちらから咲きだします。

庭に1本だけあるリンゴの木にも、はじめて白い花が咲きました。

日射しも花も新芽も、やわらかくやさしい色。

やわらかい色調の刺しゅう糸がぴったりの季節です。

「シャロンのばら」のキルトと額

春の花の中でもっとも
香り高いのはばらの花
部屋の中まで
よい香りがしてきそう

キルト　231×182cm
額　内寸33.5×38.5cm

作り方 **56** page

「シャロンのばら」のクッション2点

アップリケのまわりをふちどる
キャンドルウィック糸の
ころんとした刺しゅうが愛らしいクッション
リネンの風合いが引き立て役です

各45×45cm

作り方 **69** page

spring

ポケットつきエプロン

テーブルを彩る小さな花や
料理に入れるハーブを摘んで
お気に入りのエプロンのポケットは
春の香りでいっぱいです

丈63cm

作り方 **59** page

spring

コーヒー用3点セット

リズミカルな水玉のアップリケが
春の弾む心にぴったり
気のおけない友達との
コーヒータイムに活躍しそう

コーヒーフィルター入れ　高さ17cm
テーブルマット　20×28cm
なべつかみ　各17.5×15.5cm

作り方 58 page

作り方 62 page

ボタンのポーチと携帯電話ケース

大好きなボタンを
サンプラーのように
ひとつずつ並べて

ポーチ　幅19cm
携帯電話ケース　10×7.5cm

刺しゅうの巾着とポーチ

春めいた色の糸を組み合わせた
繊細な刺しゅうは
小さな野の花のブーケのよう
ピースの接ぎ目を埋めました

巾着　高さ9cm
ポーチ　15×18cm

作り方 60 page

手づくりのおはなし・1

キャンドルウィック

キャンドルウィックとは、もともとはろうそくの芯のこと。
そのろうそくの芯に似た、
綿100%の甘よりの太い糸で刺す刺しゅうを
キャンドルウィックといいます。
主に、コロニアルノットステッチで図案を描きます。
糸がやわらかく、ふっくらとした質感があるので
糸を強く引きすぎないようにしましょう。

● 道具

キャンドルウィック用針（刺しゅう針）
フープ
キャンドルウィック糸
はさみ

コロニアルノットステッチの刺し方

1 下から針を出し、糸がたるまないよう引きながら、針を左から糸にくぐらせます。

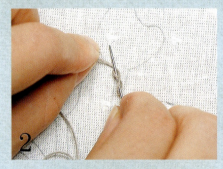

2 そのままの位置で、糸を針に掛けます。8の字に糸が掛かった状態になります。

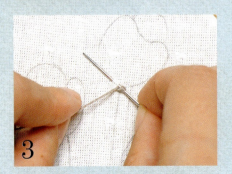

3 糸がたるまないよう引きながら、針の上で糸を寄せます。

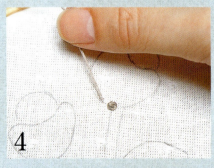

4 1で針を出した位置のすぐそばに刺し、次に刺す位置に針を出します。

5 針を入れる位置と出す位置を一定にすると、粒の向きが揃います。

summer

初夏から夏にかけて、庭じゅうにハーブの花が次々と咲きます。

中でもどんどん勢力を増していくのはイタリアニンジンボクです。

可愛くて小さな紫色の花をいっぱいつけてくれます。

ブラックベリーやブルーベリーは甘い香りの実をつけ、鳥たちへのサービスとなります。

リンゴも実をつけたので大喜びしましたが

ひとつも食べないうちに風で落ちてしまいました。

汗をかきながらも、秋冬の作品作りに励む季節でもあります。

ふたがピンクッションになる
小さなケースと
お気に入りの素材を入れたい
お揃いのボックス

作り方 63、64 page

お花のソーイングケース2点と
テーブルランナー

主役はアップリケのお花たち
テーブルランナーには
まあるく可愛い初夏の花
レッドクローバーを並べます

ソーイングケース　11×22×高さ6.5cm
ピンクッションつきソーイングケース　差し渡し10.5cm
テーブルランナー　36×80cm

summer

アンティークポット、マグカップ／カントリースパイス

summer

マウンテンリリーの小物3点

高原の夏のさわやかな風を
運んでくれるマウンテンリリー
夏の室内を
さわやかに飾ります

ミニキルト　39×39cm
クッション　31×42cm
小物入れ　直径14cm

作り方 **66** page

アップリケして
ふっくら仕立てた
小物入れのふた

刺しゅうのミニキルト

夏の日射しに似合う
素朴なパターンのキルトに
たくさんの小さな刺しゅうが
ニュアンスを加えます

62.5 × 62.5cm　　作り方 **74** page

アンティークポット／カントリースパイス

summer

ウッドカー2点／カントリースパイス

作り方 67 page

ハウスのブローチとピンクッション

ちょっとお茶目な
ハウスのブローチとピンクッション
並べてディスプレイしたら
小さな町ができました

各高さ 5.5〜9cm

手づくりのおはなし・2

紅茶染め

配色で自分らしさを表現するヒントは、
自然や日々の生活の中、記憶の中にあると思っています。
どの色も美しくて、私は好きです。
ただ、主張の強い色同士を合わせるときは、
仲よくなる魔法の薬を少々……それが、紅茶染めです。
少しずつ色を抑えることで、はじき合っていた色が
協調しはじめます。
この本では、紅茶で染めた布をたくさん使いました。
人にはそれぞれ落ち着く色があると思いますが、
私にとっては、自然の中のトープカラーが
作品に使いたい、心休まる色です。
窓の外のハーブや木、雑草さえも、
素敵な配色のお手本になります。

針仕事の合間のティータイムにも
もちろん紅茶は欠かせません。
紅茶とお菓子のよい香りの中から
作品が生まれてきます。

たくさんのあざやかな色を合わせるときも、
紅茶で染めておけばしっくりまとまり、深
みのある色合わせになります。左は、紅茶染
めしたコットンをピーシングしたミニキルト
（32ページ）。ウール地も紅茶染めができま
す（右ページ上）。

紅茶染めする前の色あざやかなウール。

紅茶染めした後。しっとりと落ち着いた色に。

紅茶染めの仕方

1 布が余裕を持って泳ぐ量のお湯を沸騰させ、紅茶のティーバッグを適量入れます。

2 飲むときよりも濃い目に紅茶を煮出したら、弱火にして布を入れます。

3 布を広げながら沈めます。むらにならないように、箸で布を泳がせます。

4 2、3分で火をとめて引き上げます。脱水し、生乾きの状態でアイロンを掛けます。

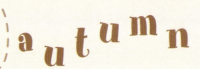

少しずつ庭がさみしくなりますが

タンジーという明るい黄色の花だけは

まだがんばっています。

空と雲がトープカラーに変わり

いよいよ秋のはじまりです。

秋の夕日の赤は格別の赤です。

きっと誰にも表現できない、あの赤い色。

赤は大好きな色です。

もしかしたら、小さい頃父に買ってもらった

赤いビニールのバッグを

なくしてしまったせいかもしれません。

外では冷たい風が吹いて、秋が深まっていきます。

私は、窓辺の暖かい陽だまりで、

キルティングを楽しむひとときを過ごします。

アンティークテイストの ミニキルト5点

プリント布を組み合わせた
トラディショナルパターンの
小さなキルトたちは
アーリーアメリカンのイメージで

作り方 **68** page

42 × 42cm

34 × 34cm

32 × 32cm

40 × 36cm

42 × 35cm

小物入れは仕切りつき
お針まわりの細かいものを
入れておくのに便利です

バスケットの3点セット

いろんな形の
バスケットのパターンを
楽しく並べた
小物たちとミニキルト

ポーチ　8.5×15.5cm
ピンクッションつき小物入れ　直径7.5cm
ミニキルト　36×40cm

作り方 **70** page

autumn

風車の3点セット

にぎやかに接ぎ合わせた
小さなはぎれたち
紅茶染めの布だから
可愛くシックにまとまります

筒型ポーチ　直径10cm
平ポーチ　12×21.5cm
ミニキルト　37×37cm

作り方 **72** page

autumn

木の実のリース

作り方 83 page

トープカラーの布でできた
ふんわりやさしい葉っぱで
秋らしく可愛いリースを
作りました

直径 35cm

autumn

レッスンバッグ

お稽古ごとにぴったりの
四角いバッグ
やわらかい色で
やさしい雰囲気に

29×29cm

作り方 **75** page

ポーチつきのショルダーバッグ

秋色のショルダーバッグは
外側につけたポーチと
ファスナーがポイント

24×25cm

作り方 **76** page

ヘキサゴンの小物入れとミニキルト

ヘキサゴンのシンプルなキルトは
スモーキーなブルーがポイント
変形ヘキサゴンの
小物入れとコーディネートしました

小物入れ(大)　高さ9.5cm
小物入れ(小)　11.5×11.5×高さ4cm
ミニキルト　52×46cm

作り方 **78** page

autumn

作り方 **80** page

「のこぎりの歯」の
バッグとポーチ

のこぎりのギザギザの歯を
イメージしてできたパターン
お揃いのバッグとポーチに
はめこんでみたらぴったり

バッグ　高さ23.5cm
ポーチ　14×23cm

手づくりのおはなし・3

パーツのこと

市販のパーツ以外にも、
さまざまなものを作品に使います。
身のまわりをよく見てみると、
楽しい形、愛らしい形が
あふれています。

自然がくれるものがとても好きです。
木や木の実には、特に心がひかれます。
くるみやどんぐりの愛らしい形や
あたたかい手触りは、
創作意欲をかき立ててくれます。

また、捨てられそうな朽ちた木や、
錆びた針金やブリキもきれいだと思うことがあります。
古い糸巻き、つけなくなったアクセサリーのビーズなども、
いつか使えるかもしれないと大事にとってあるのです。

ボタンが大好きで、
あれもこれも可愛いと思ってしまいます。
洋服についていたものや、アンティークのものなど、
いつも目に触れるところに置いて楽しんでいます。
ボタンを使ったアクセサリーや雑貨などは、
見るとついつい欲しくなります。
手作りのもの、海外のおみやげなど、
ボタンのアクセサリーには大切な思い出が多いのです。

マグネットボタンのつけ方

実用的なパーツとして欠かせないマグネットボタン。ボタンホールステッチで縫いつけるのが正しいつけ方です。見た目にも美しく、しっかりとつけることができます。

ボタンホールステッチの刺し方

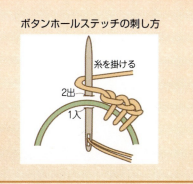

ローズマリーととうがらしのリース。
部屋じゅうにいい香りが満ちてきます。

winter

ほんとうに寒い朝は、

踏めばざくざくと音をたてるほどの霜柱が

庭じゅうを覆います。

土の色と混じると……

グレイッシュブラウンと呼ばれる、

やっぱり私の好きな色に。

すべてが冬のトープカラーに染まります。

この季節に庭でいちばん元気なのはローズマリーです。

野生化して広がるローズマリーは葉の緑色が濃く深くなり、

白と薄紫の花をつけます。

クリスマスのリースの主役はこのローズマリー。

ドライ加工されたとうがらしを少し加えて、

お針仕事の合間にパパッと作ります。

一年に一度のクリスマスには、庭の古い鐘を鳴らして

大きな大きなもみの木に、小さなあかりをいっぱい灯します。

そして静かに願うのです、

来年も穏やかな日々が訪れることを。

カップ&ソーサー、カスタードカップ、トレイ/カントリースパイス

作り方 83 page

ウールのマット

ウールをまあるく裁ち切りにして
ブランケットステッチで
アップリケした
ふんわりあったかマット

差し渡し 122cm

アンティークレースつきソックス／イマンモンプルミエ

winter

刺しゅうのベッドカバーとクッション

ウールのあたたかさが恋しい
冬のベッドルーム
動物たちをいっぱい刺しゅうして
楽しい夢を誘いましょう

ベッドカバー　195×159cm
クッション　38×48cm

作り方 **81、82** page

冬のお出掛け3点セット

お気に入りのふわふわバッグと
マフラーで出掛けたら
寒い日もご機嫌
バッグにしのばせた
ポーチもお揃いです

バッグ　35×32cm
ポーチ　13×21.5cm
マフラー　15×110cm

作り方 **74、88** page

作り方 **86** page

裂き布のバスケット2点

細く裂いた布を細編み
ランダムな色と
裁ちっぱなしの布端が
味わい深いバスケットです

大　高さ11.5cm
小　高さ10cm

スノードロップの
バスケットと小物入れ

雪の中から
早春の訪れを告げるスノードロップ
冬の名残を惜しみつつ
春へと向かう気持ちを
アップリケにこめました

バスケット　22×36cm
小物入れ　9.5×14cm

作り方 **87** page

winter

手づくりのおはなし・4

ウールのこと

あたたかい風合いを持ったウールは、大好きな素材のひとつです。
紅茶染めすることで、ウールは私にとって
使いやすく、とても身近な存在になりました。
数年前、はじめてウールで制作したときには
ウールの種類も少なく、お手本もありませんでした。
思い切って紅茶染めしてみたら、ウールの色が落ちて紅茶と混じり、
ほかのウールに色が移って、新しい素敵な色になったのです。
フェルト化して、肌触りがやわらかくなり、
裁ち切りでもほつれません。
そのまま貼って使ったり、かんたんにアップリケもできます。
ウールには、ウールの刺しゅう糸を使います。
風合いや色がしっくりなじみます。

タフティング　刺しゅう糸や毛糸で、表布と裏布をすくってとめる方法です。ここで使った糸はウールの刺しゅう糸。ふわふわした質感が愛らしく、ウール地の作品にぴったり。わざと糸をほぐして2本に分けて使い、カールさせてみました。

1 刺しゅう針か毛糸針に15cmほどの糸を玉結びせずに通し、裏布まで通るようにひと針すくいます。

2 糸の両端を2度結びます。

3 糸の両端を合わせて、1cmほど残して切ります。

4 針目が交差するように布をすくい、同様にもう一度繰り返します。

パッチワークの基本テクニック

布や型紙の下準備、ピースやアップリケの縫い方、キルティングの仕方や周囲の縫い代の始末など、
パッチワーク作りには覚えておきたいいくつかの基本的なテクニックがあります。
この基本を覚えておけば、初めての人でも作品がスムーズに作れます。

■水通し

布を買ったら、使う前にまず水で洗いましょう。これは「水通し」といい、作品製作前の基本作業です。布は水を含むと縮むことがあり、またその縮み具合は布により違います。水通しをせずに布を使えば、仕上がり後に洗濯などをしたとき、しわや歪みの原因になります。また水通しには、歪んだ布目をきれいにするという意味もあります。布は使う前に必ず水通しすることを忘れずに。ただし毛織物など、あまり水洗いをしない布に関しては、全体にキリフキで水をまんべんなくかけてから、黒いビニール袋に入れ、日なたに数時間置いておきましょう。水通しと同じような効果があり、布目がきれいになります。

■布目について

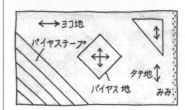

型紙の中の矢印は「布目」です。布目とは、布の縦横の織り目のこと。布目が縦横正しく通っていると、布は歪みません。パッチワークの場合、各ピースに書いてある矢印を、布目の縦または横に合わせて裁ちましょう。反対に布目と矢印を揃えずに裁つと、バイヤス地になります。バイヤス地は布に適度な伸びが出るので、アップリケのピースやバイヤステープに向いています。

■型紙作りと印付け

型紙について

型紙は薄いものでは使いにくいので、しっかりしたものを用意しましょう。自分で製図した型紙、または本からコピーした型紙は、厚紙に貼って厚みを持たせ、はさみやカッターで線に沿って切り離します。各型紙には必ず布目、合印を入れます。ピースの枚数を入れておくと便利です。

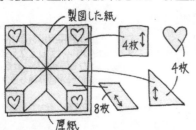

印付けとピースについて

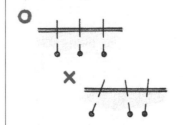

布の上に型紙を置き、2B程度の先のとがった鉛筆で印を付けます。普通のピースは布の裏側、アップリケのピースは布の表側に付けましょう。縫い代は0.7cm（アップリケは0.3～0.5cm）程度が目安で、目分量で測りながら裁ってもOK。切り取った布は「ピース」といい、ピース同士を接ぎ合わせることを「ピーシング」といいます。

■まち針の留め方

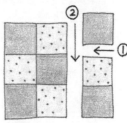

ピースを縫うときは、まち針で仮留めすることが大切。ピーシングは2枚のピースを印を合わせて中表に重ね、両端の印→中央の順にまち針を留めます。アップリケは台布の上にピースを置き、まち針を細かく留めて固定。いずれの場合も斜めに留めるとズレの原因になるので、必ず出来上がり線に対して垂直に留めましょう。

■ピースワークの基本

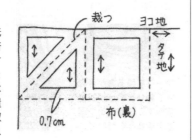

縫い切り
四角つなぎなどのパターンの縫い方です。ピースは布端から布端まで接ぎ、数個のブロックを作りながら全体をまとめます。

はめ込み縫い
縫い切りができないパターンは、その部分を印までで縫い止め、その中にピースをはめ込むような形で接ぎ合わせます。

■玉結びの仕方

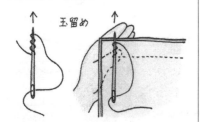

針先に糸を2～3回巻き付け、巻いた部分を親指で押さえながら、針を上に抜きます。

■縫い方の基本

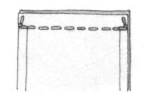
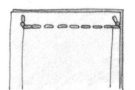

印から印まで縫う
印から印まで縫います。両端をはめ込み縫い（右上参照）する場合はこの方法で。

布端から布端まで縫う
両端を縫い切り（上参照）にする場合、布の端から端まで縫います。両側ではひと針返し縫い。

布端から印まで縫う
片端だけをはめ込み縫いするときは、はめ込む側だけ印までで縫い止めます。

■バイヤステープの作り方

市販のバイヤステープも使いやすいものですが、好みの布から作ると、作品がぐっと引き立ちます。バイヤステープ作りには2種類の方法があります。少量が必要なときは「裁ってから縫う」、大量に使うときは「縫ってから裁つ」方法で作るとよいでしょう。

裁ってから縫う

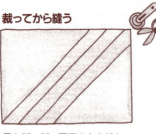

長さ20～30cm程度の布を裁ち、45度の角度で必要幅を裁ちます。

長さが足りないときは、テープ同士を接いで使用。縫い代は割ること。

縫ってから裁つ

布を正方形に裁ち、45度になるよう対角線を引いて裁ちます。

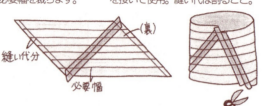

裁った布を中表に図のように重ねて縫います。ミシンの使用がお勧め。

縫い代を割り、布端に沿って必要幅を印付けし、印を1段分ずらして重ねて縫い、はさみで裁ちます。

■パイピングの仕方

額縁仕立て

①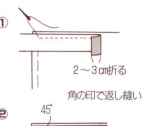

2～3cm折る
角の印で返し縫い

②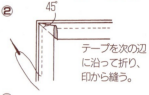

45°
テープを次の辺に沿って折り、印から縫う。

③

パイピング幅
折る
裏に折り返してまつる

■しつけ掛け

トップ
キルト綿
裏打ち布

しつけ掛け前の準備

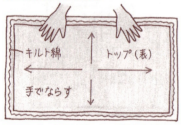

キルト綿　トップ（表）
手でならす

裏打ち布、キルト綿、トップの順に重ね、上から全体を均等に手で平らにならします。

しつけの掛け方

基本は中心から外に向け放射状に掛けます。

小さなものは格子状に掛けてもOK。

■キルティングの仕方

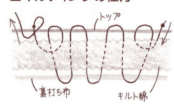

トップ
裏打ち布　キルト綿

ひと針目は離れた場所から針を入れ、玉結びを綿の中に引き込みます。ひと針返し針をしてから刺し始め、終わりも同様にひと針返し、玉留めを中に引き込み隠します。

①

少したるませる
フープに張る方がきれいに刺せます。ピンと張らず、こぶし1つ程度のゆるみを付けて。

②

シンブルは両手の中指に。利き手のシンブルで針の頭を押し、まっすぐ下に刺します。

③

下のシンブルで針を受け、今度は下から3層をすくいます。針目はなるべく揃えて。

■縫い代の始末の仕方

A 裏打ち布で始末する

裏打ち布（表）
片方の裏打ち布を多めに残して余分を裁つ

裁ち揃えた縫い代をくるむようにして、裁ち残した裏打ち布を折り込み、細かくたてまつり。

B 突き合わせてかがる

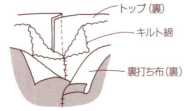

トップ（裏）
キルト綿
裏打ち布（裏）

端のキルティングは3～5cm残しておきます。トップだけ中表に接いで縫い代を片倒し。キルト綿を突き合わせてかがり、裏打ち布をまつります。

■縫い方のいろいろ

ぐし縫い	返し縫い	たてまつり
星止め	巻きかがり	はしごまつり
		両側の布のわを交互にすくう 布端に対して平行にすくう

How to make 作品の作り方

- 図中の単位はcm（センチメートル）、Sはステッチの略です。
- 作品のでき上がりは、図の寸法と多少の差が出ます。
- 縫い代は原則的にピースは0.7cm、その他は1cmつけて裁ちます。
- 裁ち切りとある場合は、縫い代をつけずに指定の寸法に裁ってください。
- 刺しゅうの仕方は89ページを参照してください。

7 page　四季のウォールポケット

とじ込み付録表①〜④

●用尺と材料
アップリケ、パイピング、ポケット台布用はぎれ各種　本体台布用ページュストライプ、接着芯各55×50cm　キルト綿、裏打ち布各100×50cm　棒通し用茶チェック50×50cm（パイピング分含む）　直径2.1、1.8cmボタン各1個　直径1.4cmボタン各2個　25番刺しゅう糸各種

●作り方順序
ポケット台布にアップリケと刺しゅうをする→キルト綿と裏打ち布を重ねてキルティングし、周囲をパイピングする→本体は台布、キルト綿、接着芯を貼った裏打ち布を重ねてミシンでキルティングする→周囲をパイピングする→ポケットをミシンでつける→棒通しを作り、ボタンでつける。

●作り方のポイント
・刺しゅうのさし方は89ページ参照。
・本体台布や②のポケットは布の柄に沿ってキルティングする。

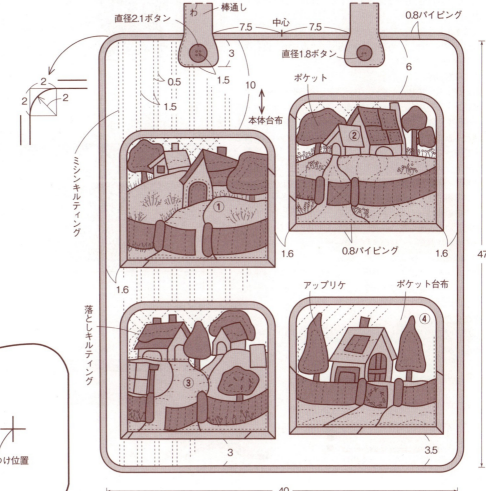

実物大型紙

棒通し（4枚）

棒通しの作り方

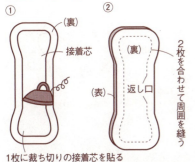
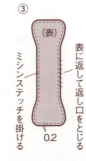
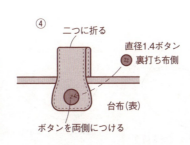

ポケットのつけ方

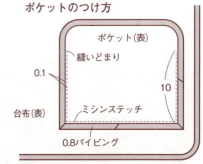

8 page 花のアップリケのバッグとポーチとミニキルト

とじ込み付録表⑤〜⑨

●用尺と材料

バッグ アップリケ用はぎれ各種（持ち手、バイヤステープ分含む） 本体用茶プリント90×40cm（底分含む） キルト綿、裏打ち布（中底分含む）各100×65cm 接着芯25×30cm

ポーチ アップリケ用はぎれ各種（ふた、マチ、パイピング分含む） 本体用ベージュ30×20cm キルト綿、裏打ち布各30×30cm 直径1.5cmビーズ1個 直径0.5cmビーズ2個 Dかんつき長さ20cm革製持ち手1本 直径1cmマグネットボタン1組

ミニキルト アップリケ、ピーシング用はぎれ各種（バイヤステープ分含む） A用布35×35cm キルト綿、裏打ち布各45×45cm 25番刺しゅう糸各種

●作り方順序

バッグ 前に花とAをアップリケする→後ろはAのみをアップリケする→キルト綿と裏打ち布を重ねてキルティング→前と後ろを中表に合わせて脇を縫う→底をキルティングし、本体と中表に合わせて縫う→中底を作ってまつりつける→持ち手を作ってつける。

ポーチ 前にアップリケする→キルト綿と裏打ち布を重ねてキルティングする→口をパイピングする→周囲をバイヤステープで始末する→ふたと後ろをキルティングする→ふたと後ろを縫い合わせる→マチは裏打ち布と中表に合わせてキルト綿を重ねて周囲を縫う→表に返してキルティング→前、後ろ、マチを巻きかがりで縫い合わせる→持ち手をつける→ビーズをつける。

ミニキルト Aにアップリケをする→B、Cを接ぐ→キルト綿、裏打ち布を重ねてキルティングする→周囲をバイヤステープで始末する。

●作り方のポイント

・バッグの脇の縫い代は片方の裏打ち布を大きめに裁ち、くるんでまつる。

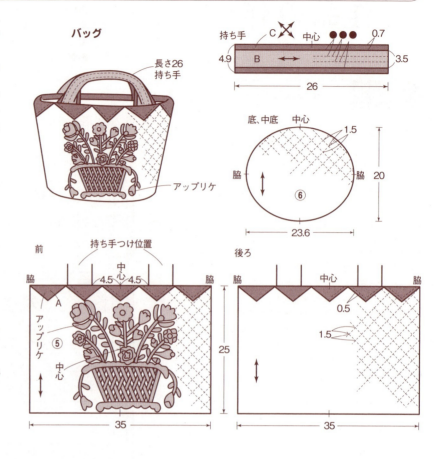

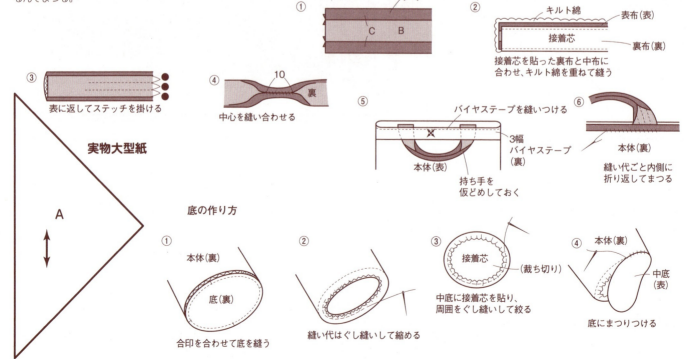

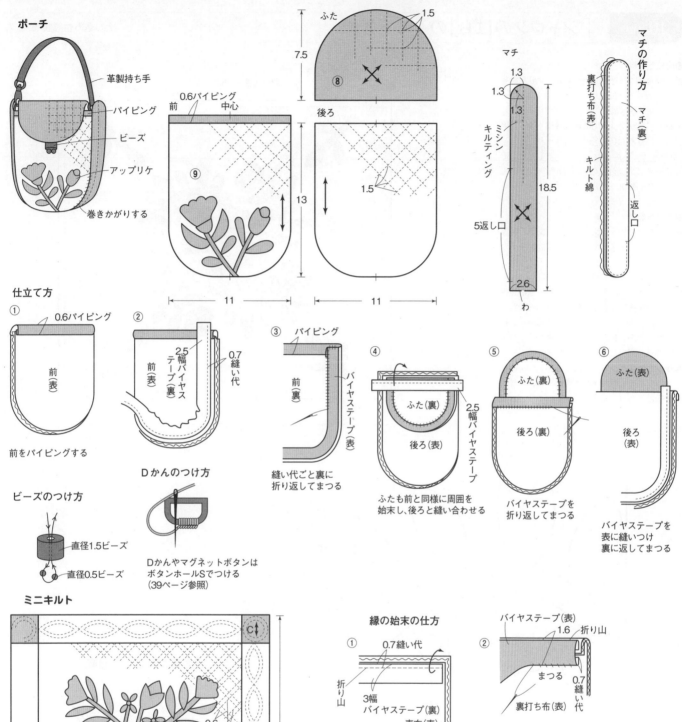
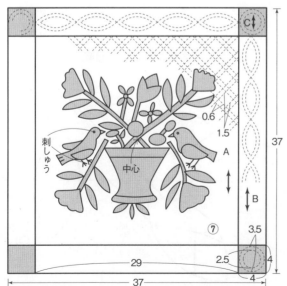
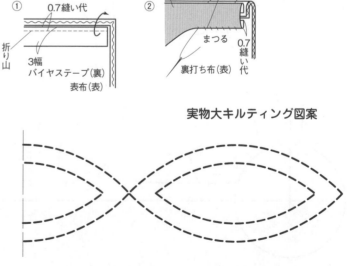

10 page 「シャロンのばら」のキルトと額

とじ込み付録表⑯⑰

●用尺と材料
額 台布用ベージュチェック、キルト綿各55×45cm 内寸33.5×38.5cm額 5番ウール刺しゅう糸各種

キルト アップリケ用はぎれ各種 A～C用グレー110×350cm 台布用ベージュ110×450cm E、F用ピンクプリント110×150cm（パイピング分含む） D用ベージュチェック110×80cm キルト綿、裏打ち布各100×480cm

●作り方順序
額 台布に刺しゅう図案を写し、図案の輪郭をアウトラインステッチで刺し、内側をアウトラインステッチやサテンステッチで埋める→キルト綿を重ねて裏板に貼り、額に入れる。
キルト A～Cにアップリケする→Aの周囲にB、Cを接ぎで台布に仮どめする→周囲にバイヤステープDをアップリケする→E、Fを接ぐ→キルト綿、裏打ち布を重ねてキルティング→周囲をパイピングで始末する。

●作り方のポイント
・キルトのアップリケの裏側の台布は、縫い代をつけてカットしておく。

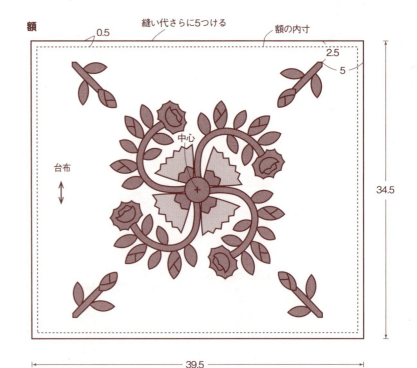

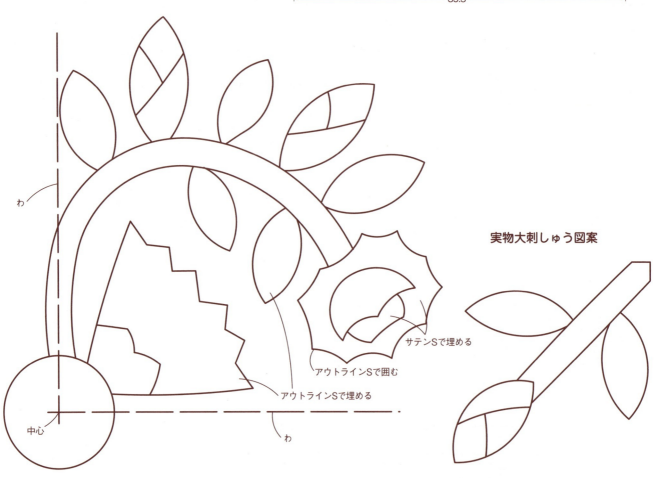

実物大刺しゅう図案

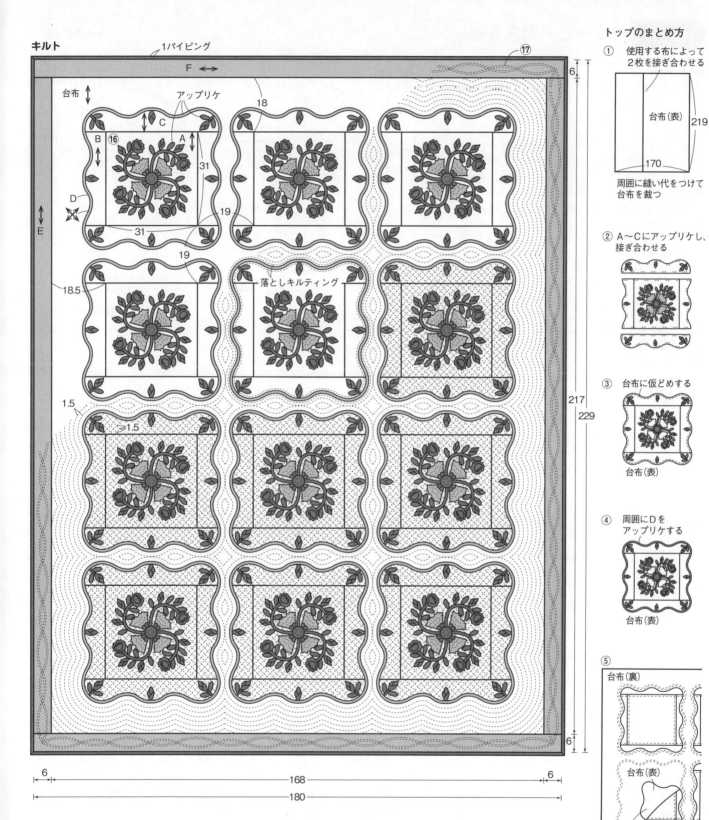

13 page　コーヒー用3点セット

とじ込み付録表⑩⑪

●用尺と材料
コーヒーフィルター入れ　アップリケ用はぎれ各種　A、持ち手用茶チェック25×25cm　B用ストライプ15×20cm　マチ用茶チェック（裏布分含む）35×40cm　キルト綿70×25cm　アクリル板30×30cm

なべつかみ（2点分）　アップリケ用はぎれ各種　ベージュチェック、キルト綿各40×20cm　裏打ち布55×25cm（バイヤステープ分含む）　麻ひも30cm　直径1.3cmボタン2個

テーブルマット　アップリケ用はぎれ各種　チェック、キルト綿各30×25cm　裏打ち布（バイヤステープ分含む）55×35cm

●作り方順序
コーヒーフィルター入れ　AとBを接ぎ、アップリケをする→持ち手と側面の裏布は一枚布で裁つ→それぞれキルト綿を重ねてキルティング→表布と裏布を中表に合わせて縫い、表に返す→厚紙を入れ、口をとじる→持ち手を本体にまつりつける→マチを二つ折りして両脇を縫う→表に返し、仕切りにミシンステッチをする→アクリル板を入れ、口をとじる→本体とマチを手芸用ボンドで貼る。

なべつかみ、テーブルマット（2点共通）　表布にアップリケをしてトップを作る→キルト綿、裏打ち布を重ねてキルティング→縁をバイヤステープで始末する（→なべつかみは麻ひもとボタンをつける）。

●作り方のポイント
・アップリケの周囲には落としキルティングをする。
・マットのアップリケは好みの位置にする。
・アクリル板は周囲0.2cmずつ小さくカットする。

コーヒーフィルター入れ
側面(2枚)

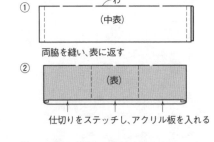

マチの作り方

持ち手の作り方
① 表布、裏布にキルト綿を重ねてキルティングし、中表に合わせて縫う
② 表に返し、アクリル板を入れ縫い代を折り込み、まつる

側面の作り方
① (中表)　返し口
作り方は持ち手と共通

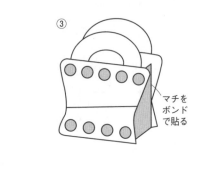

なべつかみ

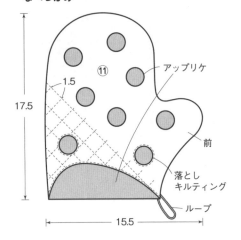

ループのつけ方

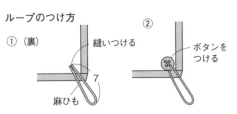

テーブルマット

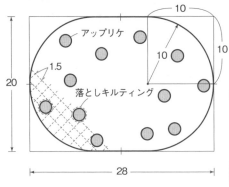

縁の始末の仕方（なべつかみと共通）

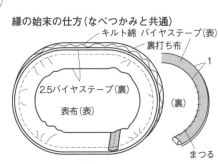

12 page　ポケットつきエプロン

●用尺と材料
ピーシング用はぎれ各種　本体用チェック（ベルト分含む）110×70cm　ポケット用茶チェック55×60cm（裏布、後ろ、パイピング分含む）　接着芯55×25cm　長さ16cmファスナー　直径2cm革製ボタン2個

●作り方順序
本体をピーシングする→中心の縫い代を始末してスリットを作る→脇と裾を三つ折りしてミシンステッチ→ダーツを縫う→ひもを作る→ベルトと本体を縫い合わせる→ひもとベルト通しをはさんでベルトをつける→ポケット㋐、㋑を作ってつける。

●作り方のポイント
・ポケット、ベルトには接着芯を貼っておく。
・エプロン本体の周囲は縫い代を2cmつけておき、三つ折りしてミシンステッチ。
・ポケット㋑はHとIに接着芯を貼っておき、ファスナーをはさんで裏布と縫い合わせる。後ろにも接着芯を貼り、裏布と外表に重ねておく。

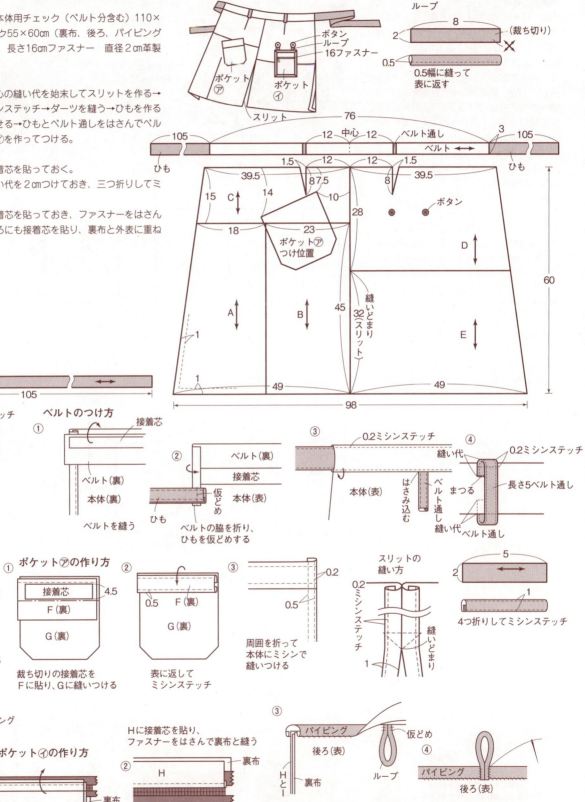

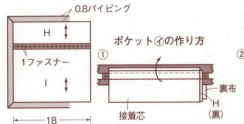

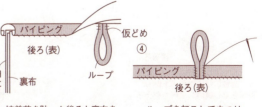

刺しゅうの巾着とポーチ

●用尺と材料

巾着 ピーシング用はぎれ各種 底、内底用布、接着芯各15×15cm キルト綿65×15cm 直径0.2cmひも100cm 裏打ち布45×30cm 直径1cmプラスチックリング10個 長さ1.5ビーズ、直径0.6cmビーズ各2個 アクリル板11×11cm 25番刺しゅう糸各種

ポーチ ピーシング、タブ用はぎれ各種 キルト綿45×20cm 裏打ち布(タブ裏布、バイヤステープ分含む)45×30cm 接着芯10×10cm 20cmファスナー1本 直径1.5cmビーズ2個 25番刺しゅう糸各種

●作り方順序

巾着 ピーシングして側面のトップを作る→刺しゅうをする→底は1枚布で用意する→キルト綿、裏打ち布を重ねてそれぞれキルティング→側面を中表に縫い、筒にする→底と中表に縫い合わせる→内底をつける→口をバイヤステープで始末する→リングをつけ、コードを通す→コード先に飾りをつける。

ポーチ ピーシングして側面のトップを作る→側面に刺しゅうをする→キルト綿、裏打ち布を重ねてキルティング→ダーツを縫う→タブを作る→周囲をバイヤステープで始末する(このときタブをはさみつける)→側面2枚を中表に合わせ、縫いどまりまで巻きかがりでとじる→ファスナーをつける→タブにビーズをつける。

●作り方のポイント

・刺しゅうの仕方は89～90ページ参照。

巾着

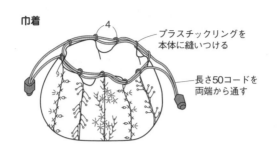

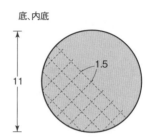

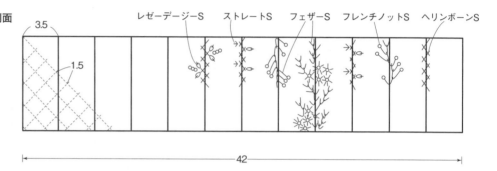

仕立て方

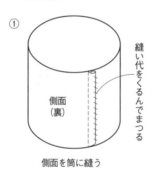
①側面を筒に縫う

②側面にギャザーを寄せて底と縫い合わせる

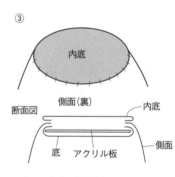
③底にアクリル板を入れ内底をまつりつける

内底の作り方

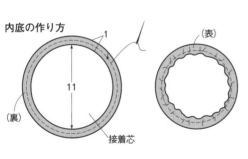
布に裁ち切りの接着芯を貼り周囲をぐし縫いして形を整える

ひも飾りの作り方

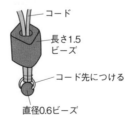
コード先につける

ボンドでつける

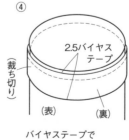
④バイヤステープで口を始末する

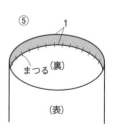
⑤縫い代ごと折り返し内側にまつる

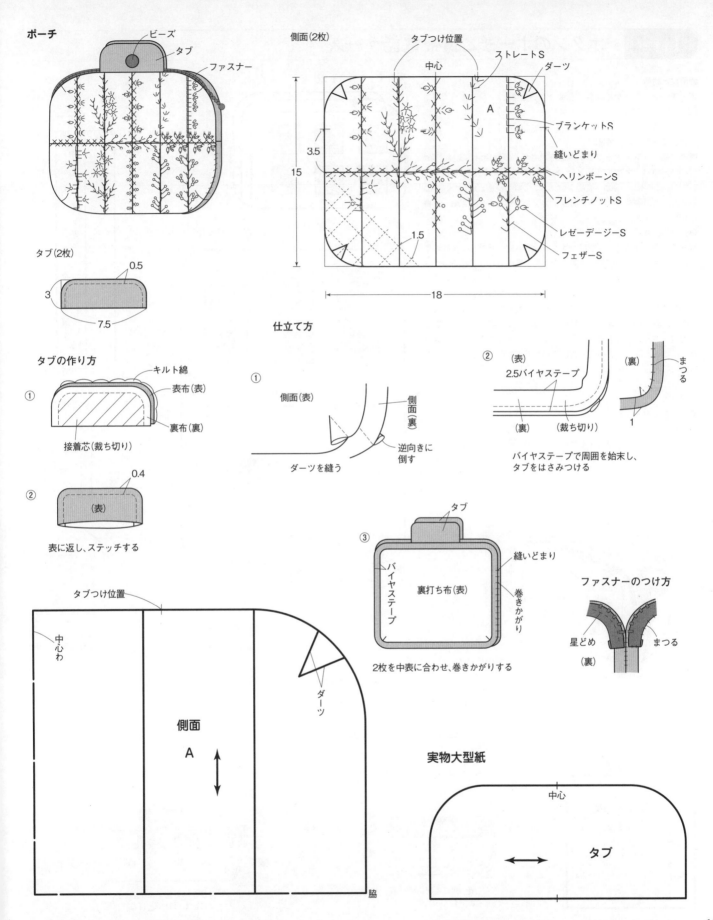

14 page　ボタンのポーチと携帯電話ケース

●用尺と材料
ポーチ　アップリケ用はぎれ各種（タブ分含む）　前、後ろ用麻布35×25cm　マチ用ベージュ45×15cm　キルト綿、裏打ち布各30×50cm　長さ22cmファスナー1本　直径1.5～1.8cmボタン7個　5番グレー刺しゅう糸適宜
携帯電話ケース　アップリケ用はぎれ各種　側面用麻布30×15cm（タブ分含む）　キルト綿35×15cm　裏打ち布55×15cm（裏布分含む）　接着芯20×10cm　直径1cmボタン2個　長さ20cmナスかん、Dかんつき革製持ち手1本　直径1cmマグネットボタン1組　5番茶刺しゅう糸適宜

●作り方順序
ポーチ　前と後ろにアップリケする→キルト綿と裏打ち布を重ねてそれぞれキルティングする→前と後ろを中表に合わせて底を縫う→マチを2枚作り、タブをはさんで縫い合わせる→ファスナーをつける→本体とマチを中表に合わせて縫う→ボタンをつける。
携帯電話ケース　側面にアップリケする→裏打ち布を中表に合わせてキルト綿を重ね、返し口を残して周囲を縫う→表に返して返し口をとじ、キルティングする→周囲をミシンステッチする→マチは表布に接着芯を貼り、裏布と中表に合わせて周囲を縫い、表に返して返し口をとじる→側面とマチをはしごまつりでつける→タブをマチと同様に作ってまつりつける→マグネットボタン、持ち手、ボタンをつける。

●作り方のポイント
・ポーチの底の縫い代は一方の裏打ち布でくるんで始末する。
・落としキルティングは5番刺しゅう糸でさす（2点共通）。

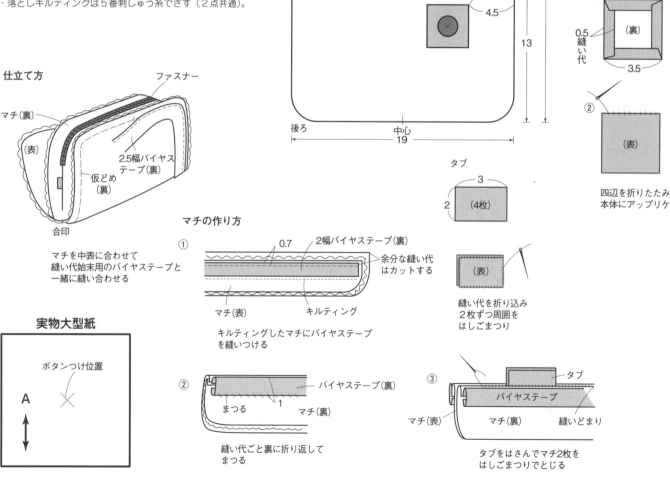

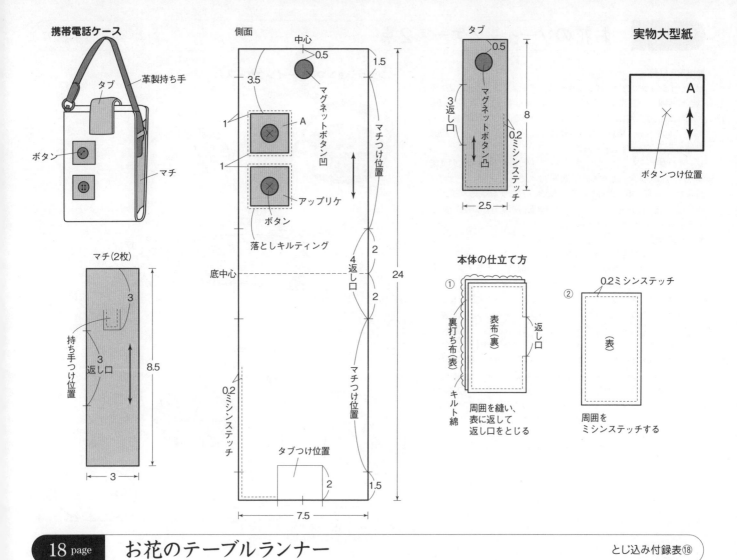

18 page　お花のテーブルランナー

とじ込み付録表⑱

●用尺と材料
アップリケ用はぎれ各種　表布用ベージュ、裏布用チェック各85×40cm

●作り方順序
表布にアップリケする→裏布を中表に合わせて返し口を残して周囲を縫う→表に返して返し口をとじる。

●作り方のポイント
・アップリケ用布はバイヤスで裁つ。

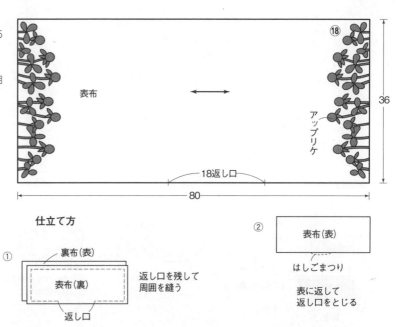

18 page　お花のソーイングケース2点

とじ込み付録表⑲〜㉓

- ●用尺と材料
- **ピンクッションつきソーイングケース**　ピーシング、アップリケ用はぎれ各種　外底用ベージュ15×10cm　裏布用ピンクチェック50×50cm（内ふた、中底、バイヤステープ分含む）　アクリル板10×40cm　キルト綿、裏打ち布、接着芯各10×30cm　ワイヤー12cm　25番刺しゅう糸、手芸綿各適宜
- **ソーイングケース**　ピーシング、アップリケ用はぎれ各種　側面用布20×70cm（タブ、底分含む）　裏布30×80cm（ふた裏布、仕切り分含む）　キルト綿、裏打ち布20×85cm　アクリル板35×80cm　差し渡し1.8cm星形ボタン、差し渡し1cm四角ボタン、直径0.4cmビーズ各4個　25番刺しゅう糸各種
- ●作り方順序
- **ピンクッションつきソーイングケース**　ピーシング、アップリケ、刺しゅうした側面にキルト綿と裏打ち布を重ねてキルティングする→側面を輪に縫う→裏布に接着芯を貼って輪に縫う→側面と裏布を外表に合わせ、見返しで口を始末する→外底を作って側面にまつりつける→内底を作ってボンドでつける→ワイヤーをリング状に曲げ、両脇に目打ちで穴をあけてさす→ふたを作る。
- **ソーイングケース**　側面A、B、底の表布と裏布にそれぞれキルト綿と裏打ち布を重ねてミシンキルティングする→表布と裏布を中表に合わせ、返し口を残して周囲を縫う→表に返してアクリル板を入れる→側面A、B、底を巻きかがりする→仕切りを作り、内側にボンドでつける→タブを作る→ふたA、Bの表布と裏布を作り、タブをはさんでとじる→ボタンとピーズをつける。
- ●作り方のポイント
  - ・アップリケ用布はバイヤスで裁つ。
  - ・裏打ち布はネルなど厚みのある布を使う。

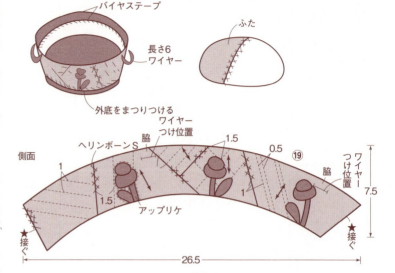

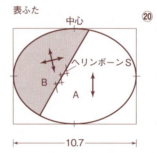

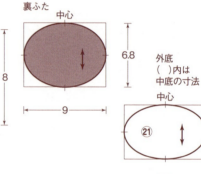

側面の作り方

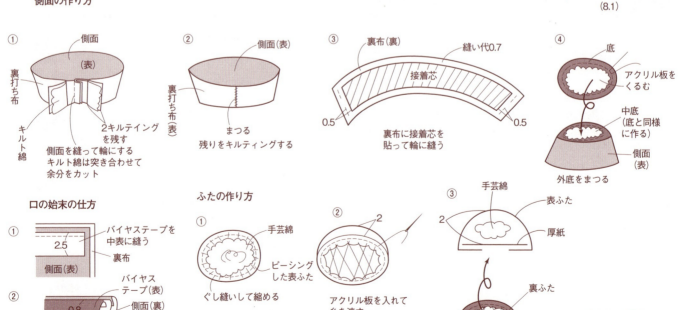

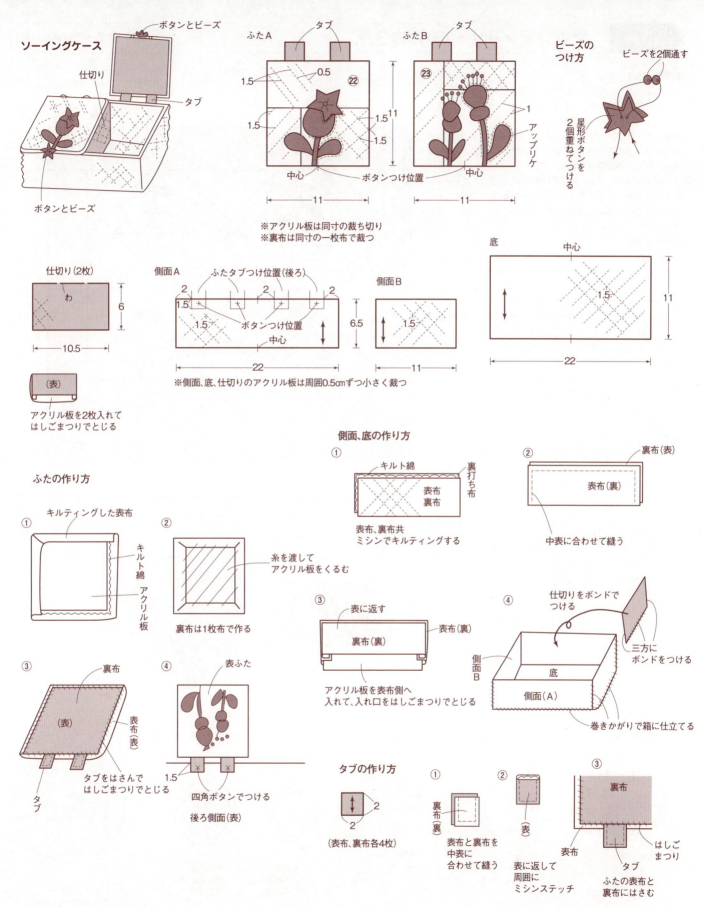

マウンテンリリーの小物3点

20 page　　とじ込み付録裏⑫〜⑱

●用尺と材料
ミニキルト　アップリケ、ピーシング用はぎれ各種　ボーダー、ラティス用チェック30×90cm　キルト綿、裏打ち布各45×45cm　4cm幅バイヤステープ160cm
小物入れ　アップリケ用はぎれ各種　台布用チェック20×60cm（裏ふた、ふた底分含む）　アクリル板15×30cm　キルト綿15cm　直径13.5cmブリキかん
クッション　アップリケ用はぎれ各種（パイピングコード、パイピング分含む）　前、後ろ用ベージュ厚地40×100cm　キルト綿、裏打ち布各40×50cm　直径0.3cmコード160cm　長さ38cmファスナー1本

●作り方順序
ミニキルト　ピーシング、アップリケしてトップを作る→キルト綿、裏打ち布を重ねてキルティングする→縫い代をバイヤステープで始末する。
小物入れ　表ふたにアップリケする→アクリル板にキルト綿を2枚重ねて表ふたでくるんで縫い絞る→裏ふたでアクリル板をくるんで縫い絞る→表ふたと裏ふたをまつり合わせる→ふた底を作り、ボンドでつける→ブリキかんにのせる。
クッション　アップリケした前に、キルト綿、裏打ち布を重ねてキルティングする→後ろのファスナー口をパイピングし、突き合わせてファスナーをつける→パイピングコードを作る→前と後ろを中表に合わせて縫う（このときパイピングコードをはさみつける）。

●作り方のポイント
・ミニキルトのバスケットのパターンは、花と持ち手をアップリケしてから、ピーシングしたバスケットを接ぎ合わせる。
・ミニキルトの周囲の始末の仕方は、55ページ参照。

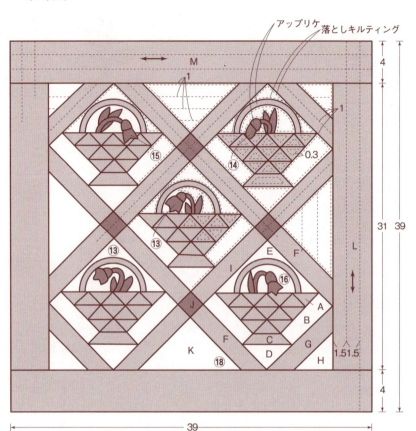

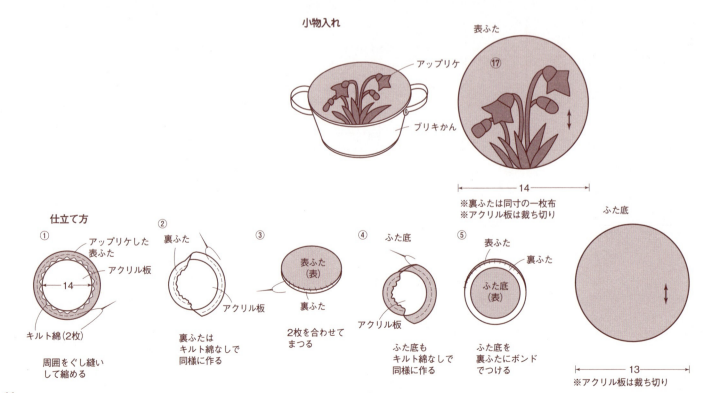

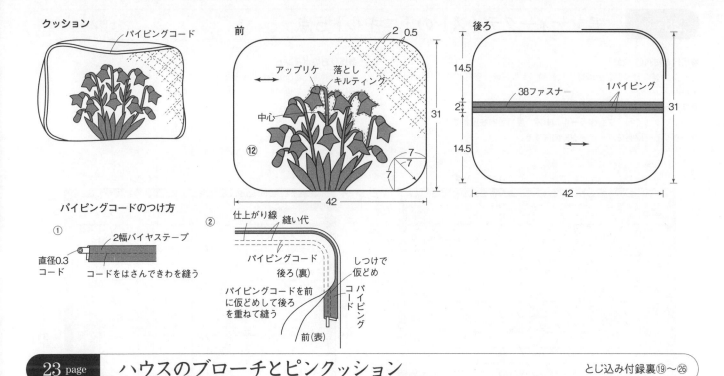

23 page ハウスのブローチとピンクッション

とじ込み付録裏 ⑲〜㉖

● 用尺と材料(8点共通)
ピーシング、アップリケ用はぎれ各種　長さ3cm安全ピン1個　厚紙、手芸綿、25番刺しゅう糸、フェルト各適宜

● 作り方順序(8点共通)
アップリケ、刺しゅうをして前を作る→後ろに安全ピンを縫いつける→前と後ろを中表に合わせて返し口を残して周囲を縫う→表に返して手芸綿を詰める→⑲㉑㉒㉖は底を作ってまつりつける。ほかはそのまま返し口をとじる。

● 作り方のポイント
・刺しゅうのさし方は89ページ参照。
・ブローチとして使うものは後ろに安全ピンをつける。

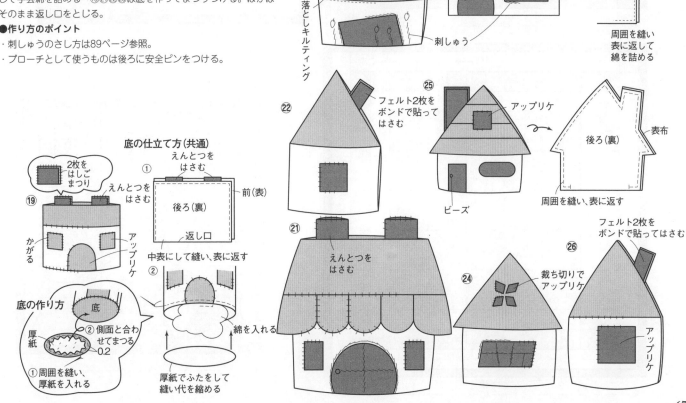

28 page アンティークテイストのミニキルト5点

とじ込み付録表⑮

●用尺と材料（1点分）
ピーシング、アップリケ用はぎれ各種　キルト綿、裏打ち布各45×45cm

●作り方順序
ピーシングしてトップを作る→キルト綿、裏打ち布を重ねてキルティングする→周囲をパイピングで始末する。

●作り方のポイント
・オは周囲に2.5cm幅のバイヤステープを縫いつけ、縫い代ごと裏側に折り返して裏打ち布にまつって始末する。

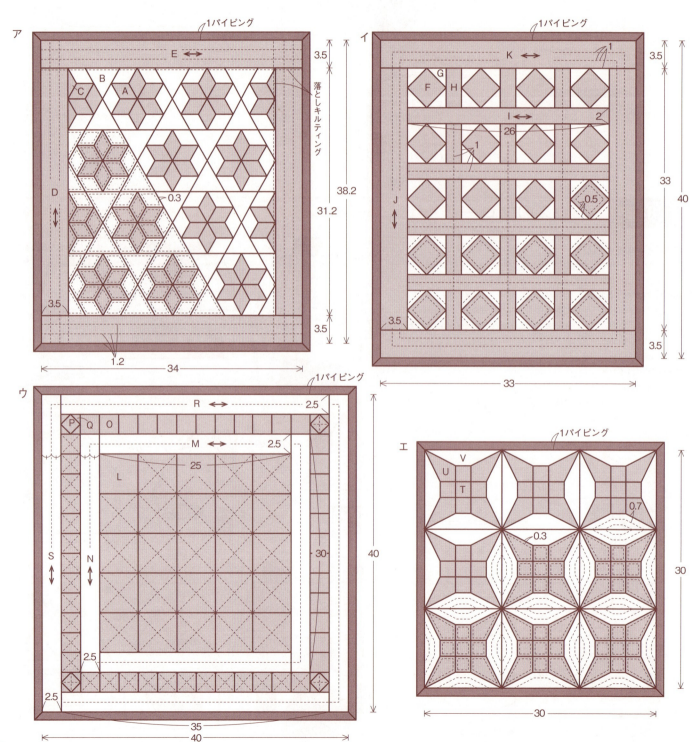

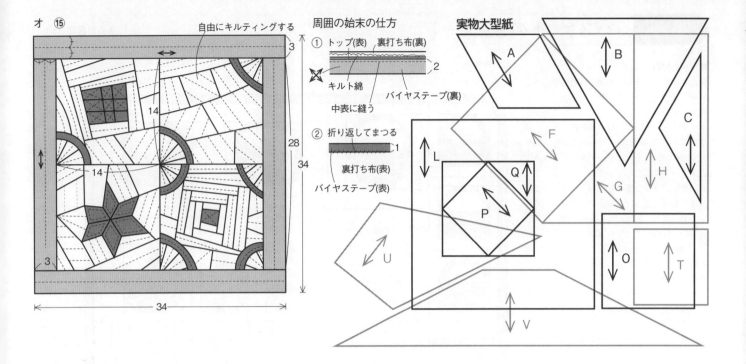

11 page 「シャロンのばら」のクッション2点

とじ込み付録表㉔

●用尺と材料（1点分）
麻布110×50cm　アップリケ用生成り無地35×35cm　38cmファスナー1本　45×45cmヌードクッション1個　キャンドルウィック糸適宜

●作り方順序
表布にアップリケする→キャンドルウィック糸で刺しゅうする→裏布にファスナーをつける→表布と裏布を中表に合わせて周囲を縫う。

●作り方のポイント
・キャンドルウィックのさし方は16ページ。
・縫い代はジグザグミシンかロックミシンで始末する。
・クッションの周囲を縫うときは、ファスナーを返し口としてあけておく。

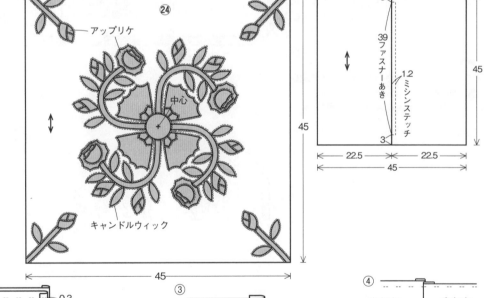

ファスナーのつけ方

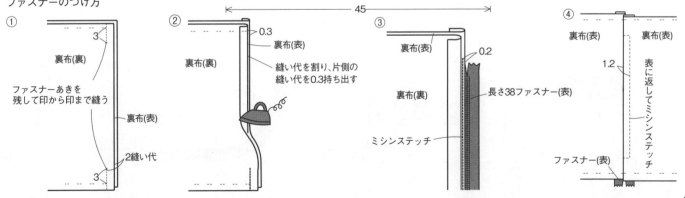

30 page バスケットの3点セット

●用尺と材料

ミニキルト ピーシング用はぎれ各種　キルト綿、裏打ち布各40×45cm　3.5cmバイヤステープ160cm

ポーチ ピーシング用はぎれ各種　キルト綿、裏打ち布各25×20cm　0.6cm幅波形ブレード60cm　直径1.8cmボタン1個　長さ14cmファスナー1本

ピンクッションつき小物入れ ピーシング用はぎれ各種（表ふた、裏ふた、外底、パイピング分含む）　キルト綿、裏打ち布、接着芯各30×10cm　内布30×20cm（中底、仕切り分含む）　アクリル板20×30cm　直径1cm木製リング1個　手芸綿適宜

●作り方順序

ミニキルト ピーシングする→キルト綿、裏打ち布を重ねてキルティング→周囲をパイピングで始末する。

ポーチ ピーシングする→周囲をパイピングで始末する→底から二つ折りしてファスナーをつける→両脇を巻きかがりでとじる→波形ブレードをつける。

ピンクッションつき小物入れ 側面をピーシングする→キルト綿、裏打ち布を重ねてキルティング→内布を輪に縫い、中に入れる→中底を入れて縫い縮める→底を作ってつける→口をパイピングする→仕切りを作ってつける→ふたを作る→波形ブレードをつける→リングをつける。

●作り方のポイント

・ピンクッションつき小物入れの内布には接着芯を貼る。

・ミニキルトのキルティングは自由にさす。

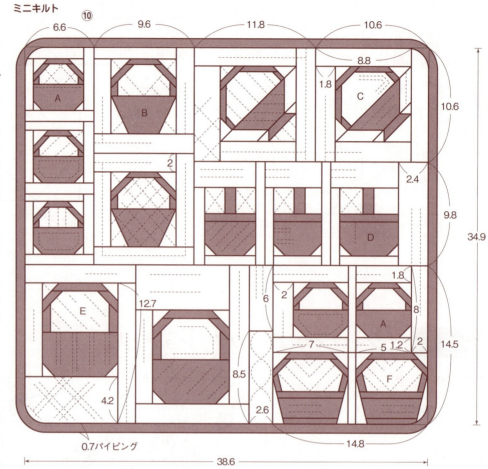

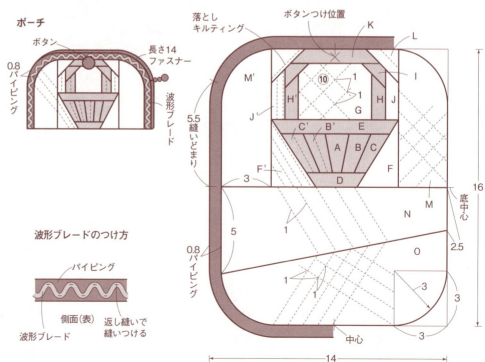

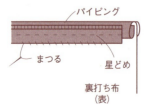

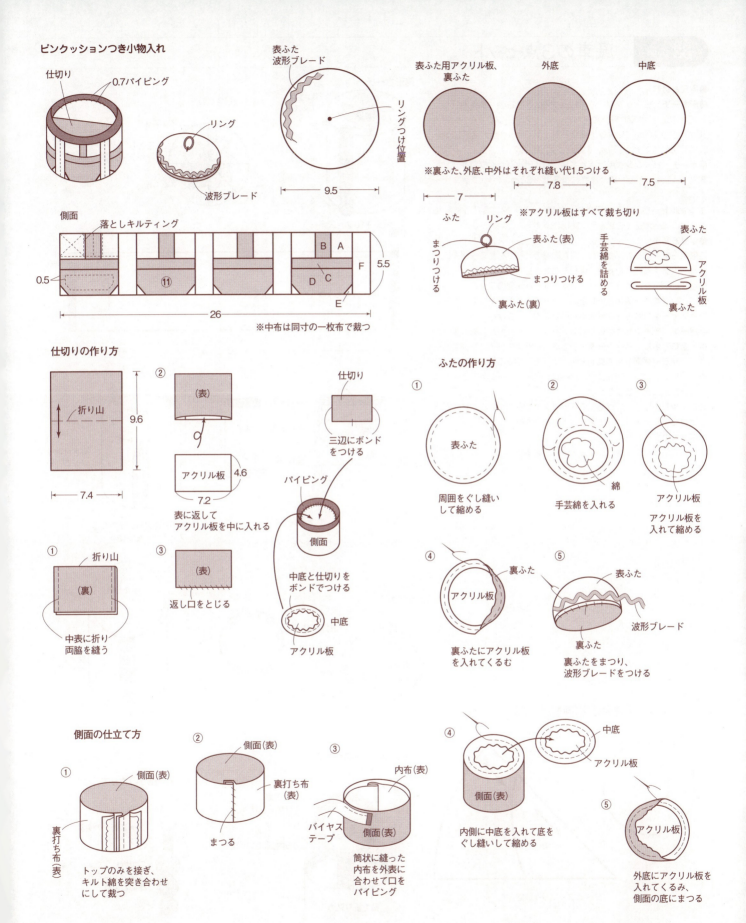

32 page 風車の3点セット

●用尺と材料
筒形ポーチ ピーシング、パイピング用はぎれ各種　側面用プリント45×15cm　キルト綿、裏打ち布（バイヤステープ分含む）各45×30cm　長さ10cm、22cmファスナー各1本　0.5cm幅テープ10cm　直径1.2cm、1.3cm、1.5cm、1.8cmボタン各2個

平ポーチ ピーシング用はぎれ各種　パイピング、タブ用茶プリント20×15cm　キルト綿、裏打ち布各25×30cm　20cmファスナー1本

ミニキルト ピーシング用はぎれ各種　キルト綿、裏打ち布各45×45cm　3.5cm幅バイヤステープ150cm

●作り方順序
筒形ポーチ ピーシングをしてふた、底のトップを作る→側面は1枚布で用意する→キルト綿、裏打ち布を重ねてキルティング→周囲（側面は上下）をバイヤステープで始末する→側面のファスナー口をパイピングする→側面と底を縫い合わせる→ふたを本体につける→ファスナーをつける→ファスナー飾りを作り、つける。

平ポーチ ピーシングをして側面トップを作る→キルト綿、裏打ち布を重ねてキルティング→ダーツを縫う→周囲をパイピングする→タブを作る→側面を外表に合わせてパイピングの0.3cm奥をはしごまつりしてとじる（このときタブをはさみつける）→ファスナーをつける→ファスナー飾りをつける。

ミニキルト ピーシングをしてトップを作る→キルト綿、裏打ち布を重ねてキルティング→周囲をパイピングする。

●作り方のポイント
・ピースのきわには落としキルティングをする。

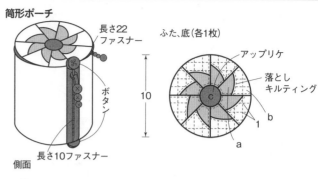

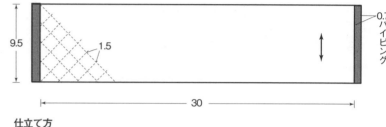

仕立て方

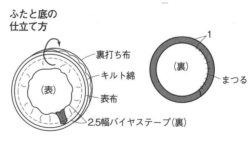

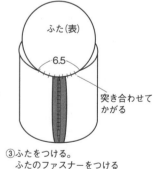

実物大型紙（筒型ポーチ）

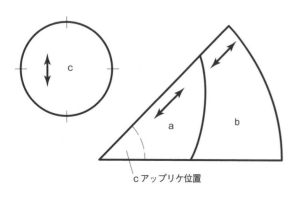

ファスナーのつけ方

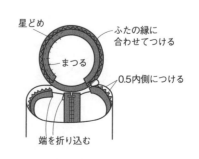

ファスナー飾りの作り方

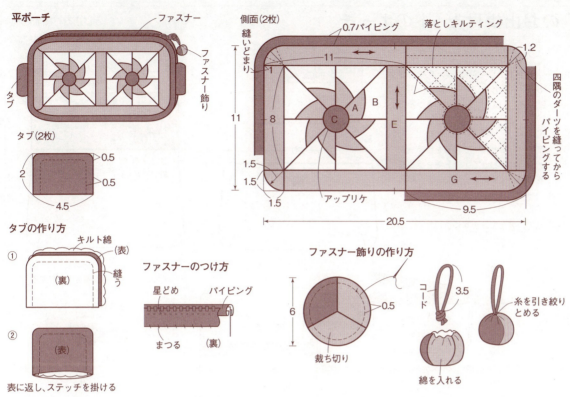
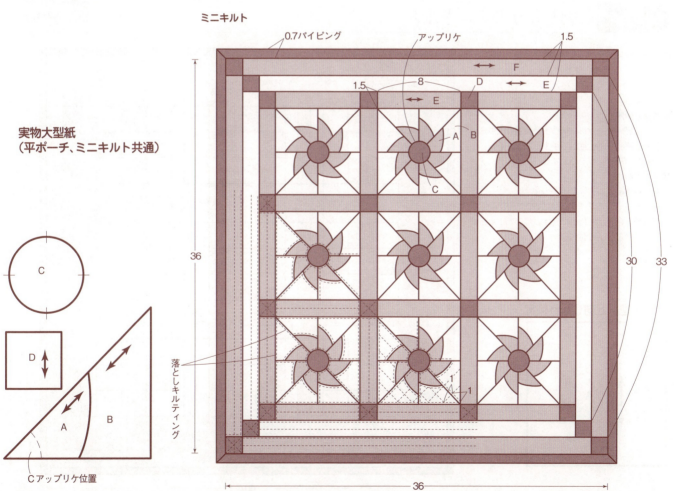

46 page 冬のお出掛けセットのポーチ

とじ込み付録表⑫⑬

●用尺と材料
アップリケ、ピーシング用ウールはぎれ各種　茶ウール55×20cm　キルト綿、裏布各55×25cm　18cmファスナー1本　直径1.5cmマグネットボタン1組　長さ3cm木製ボタン1個　25番茶刺しゅう糸各種

●作り方順序
Aにアップリケ、刺しゅうをして接ぐ→Bと接いで後ろを作る→前は一枚布で裁つ→裏布とそれぞれ中表に合わせてキルト綿を重ねて、周囲を縫う→表に返してダーツを縫う→ファスナーをつける→前と後ろを巻きかがりで縫い合わせる→マグネットボタンをつける。

●作り方のポイント
・脇の巻きかがりは中表に合わせて、表布のみをすくう。

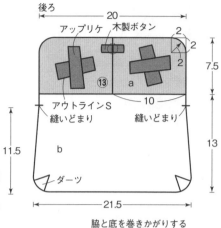

仕立て方

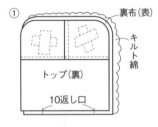
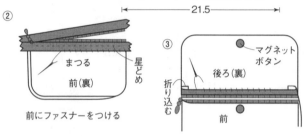

22 page 刺しゅうのミニキルト

とじ込み付録表㉗

●用尺と材料
ピーシング用はぎれ各種（パイピング分含む）　キルト綿、裏打ち布各70×70cm　25番刺しゅう糸各種

●作り方順序
A～Eをピーシングし、刺しゅうをする→キルト綿と裏打ち布を重ねてキルティングする→周囲をパイピングで始末する。

●作り方のポイント
・刺しゅうのさし方は89ページ参照。
・A、B、D、Eの刺しゅうは90ページの図案を組み合わせて自由にさす。Cの刺しゅうア～エはとじ込み付録㉗。

実物大型紙と刺しゅう図案

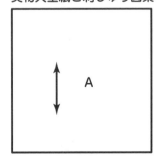
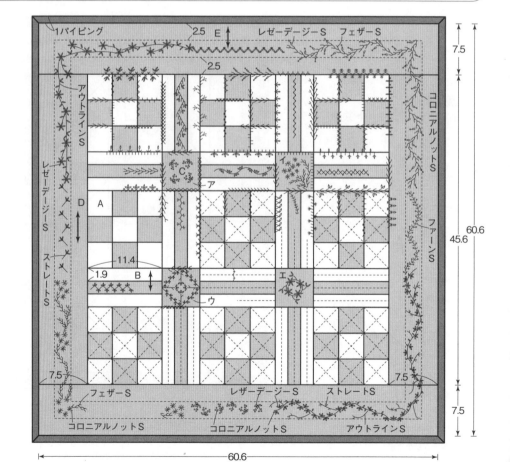

35 page　レッスンバッグ

とじ込み付録表 ㉕ ㉖

●用尺と材料
ピーシング用はぎれ各種（マチ、持ち手、タブ、パイピング、パイピングコード分含む）　後ろ用布35×35㎝　キルト綿110×50㎝　裏打ち布100×60㎝　接着芯70×60㎝　直径0.3㎝コード200㎝　長さ20㎝ファスナー1本

●作り方順序
ピーシングして前を作り、キルト綿と裏打ち布を重ねてキルティングする→後ろも同様にキルティングする→底を作り、前、後ろと中表に合わせて縫う→周囲にパイピングコードを仮どめする→上マチを作ってファスナーをつけ、タブを仮どめする→下マチを作る→上マチと下マチを縫い合わせる→持ち手とパイピングコードを前、後ろに仮どめする→マチと前、後ろを縫い合わせる。

●作り方のポイント
・後ろ、底、マチは裏打ち布に接着芯を貼り、キルト綿と重ねてミシンキルティングする。
・持ち手、タブは裏打ち布に接着芯を貼っておく。
・縫い代は裏打ち布と共布のバイヤステープでくるんで始末する。

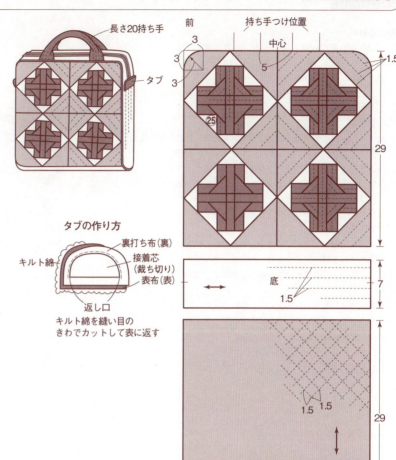

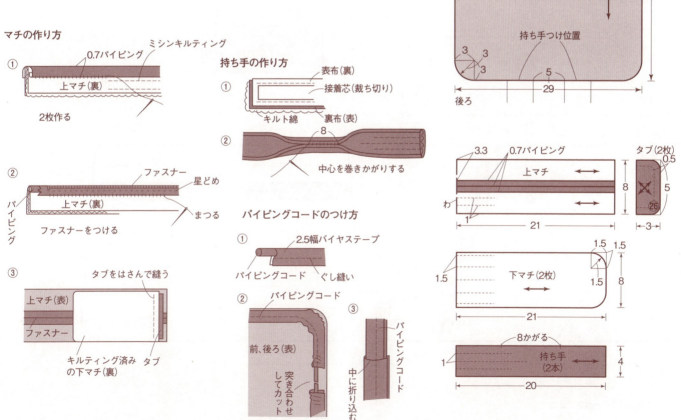

34 page ポーチつきのショルダーバッグ

とじ込み付録裏⑨

● 用尺と材料
ピーシング用はぎれ各種（口布、ループ、当て布、バイヤステープ分含む）　キルト綿、裏打ち布、内布各80×40cm　接着芯55×40cm　長さ16cm、長さ20cmファスナー各1本　直径1.5cmマグネットボタン2組　長さ2cmはさみつけ金具　長さ110cm金具つき革製肩ひも1本

● 作り方順序
ショルダーバッグ　前をピーシングしてキルト綿、裏打ち布を重ねてキルティングする→パイピングする→ファスナーをつける→後ろも同様にキルティング、パイピングをしてファスナーをつける→前と後ろに同寸の内布を外表に重ねておく→脇を縫う→本体にループを仮どめする→口布を作り、本体と縫い合わせる→口布にループを仮どめし、バイヤステープで始末する→マグネットボタンをつける→肩ひもをつける。

ポーチ　本体をピーシングしてキルト綿と裏打ち布を重ねてキルティングする→脇を縫い、マチを縫う→ふたを作ってまつりつける→マグネットボタンをつける→はさみつけ金具でショルダーバッグにつける。

● 作り方のポイント
・ショルダーバッグの口布の裏打ち布と、ポーチのふたの当て布には接着芯を貼っておく。
・マグネットボタンのつけ方は39ページ参照。
・縫い代は裏打ち布と共布のバイヤステープでくるんで始末する。

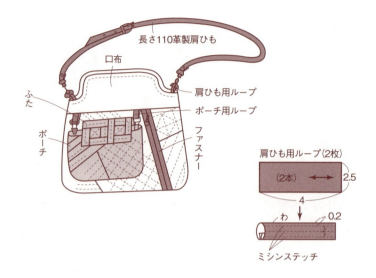

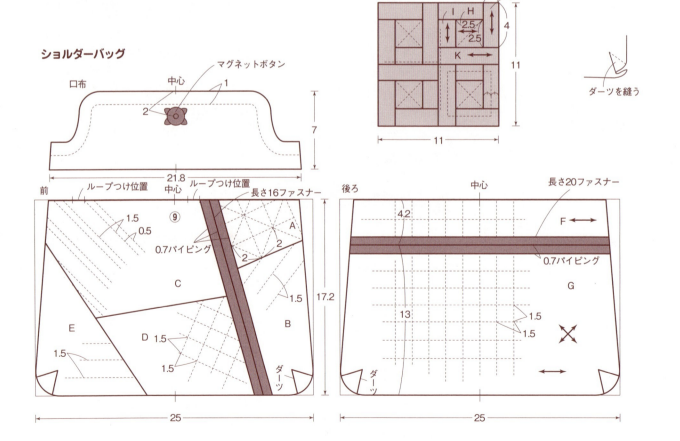

※中袋は同寸の一枚布で裁つ

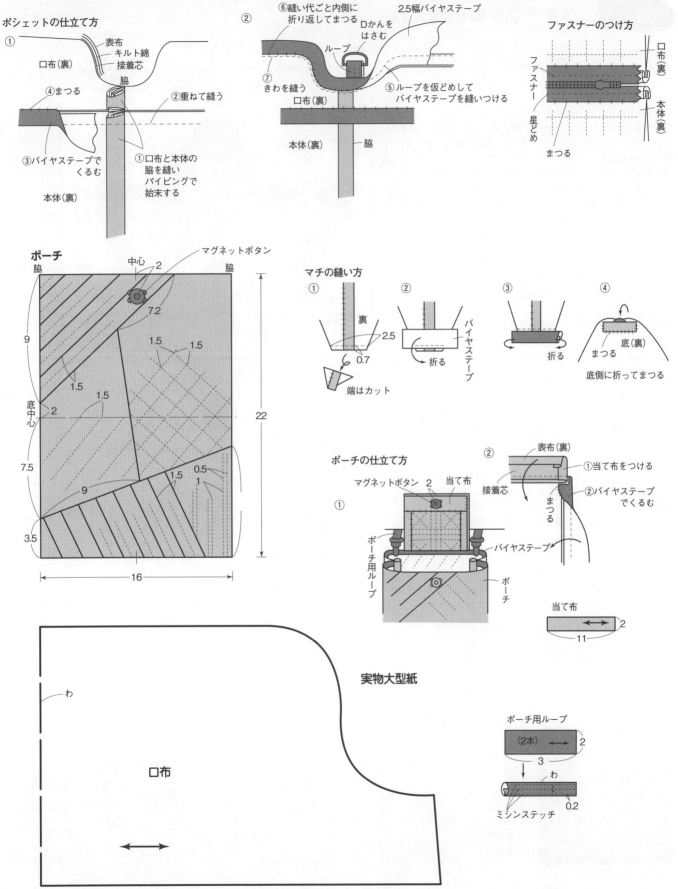

36 page ヘキサゴンの小物入れとミニキルト

とじ込み付録裏⑦⑧

●用尺と材料
ミニキルト ピーシング用はぎれ各種（バイヤステープ分含む）台布用ベージュプリント50×50cm キルト綿、裏打ち布各60×55cm
小物入れ(小) ピーシング用はぎれ各種（パイピング分含む）本体用布、厚紙各20×20cm 裏布35×20cm（ポケット分含む） 接着芯20×15cm 直径1.5cm円形ビーズ1個 長さ0.5cm筒形ビーズ3個 手芸綿適宜
小物入れ(大) ピーシング用はぎれ各種（ループ、パイピング分含む） 底用布15×25cm 内布、中底、裏ふた用布55×60cm キルト綿100×60cm 裏打ち布80×60cm 接着芯50×40cm 厚紙30×25cm 直径1.5cm、直径2cmボタン各2個 直径0.5cm力ボタン2個 長さ38cm持ち手用革ひも1本 直径0.2cmコード10cm 長さ1.8cmなつめ形ビーズ、直径0.5cmウッドビーズ各2個

●作り方順序
ミニキルト 六角形をピーシングして台布にアップリケする→B、Cを接ぐ→キルト綿と裏打ち布を重ねてキルティングする→縫い代をバイヤステープで始末する。
小物入れ(小) 本体の表布と裏布を中表に合わせ、返し口を残して周囲を縫い、表に返す→厚紙を入れながら仕切りをミシンステッチする→側面を立ち上げて巻きかがりする→ふたを作り、側面にまつりつける→裏ふたのBとCをまつり、ポケットを作る。
小物入れ(大) 側面A、側面B各2枚をピーシングする→キルト綿、裏打ち布を重ねてキルティングする→筒状に接ぎ合わせる→内布を筒状に縫い、側面と縫い合わせる→底を作り、側面と中表に縫う→縫い代をぐし縫いして底側に千鳥掛けでとめる→中底を作ってボンドでとめる→ふたを作ってボタンでとめる。

●作り方のポイント
・ミニキルトの周囲の始末の仕方は55ページ参照。
・小物入れ(大)の表布と小物入れ(小)の裏ふた、ポケットには接着芯を貼る。
・小物入れ(小)の側面は、最後の一辺の縫い代は折りこまずにおき、表ふたと裏ふたをその縫い代にはさむ。

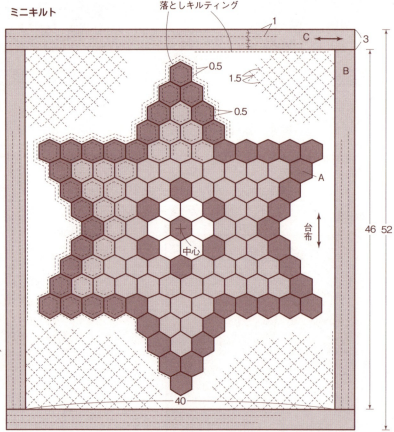

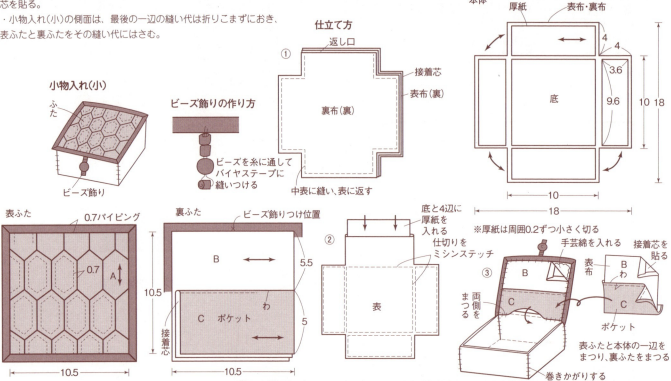

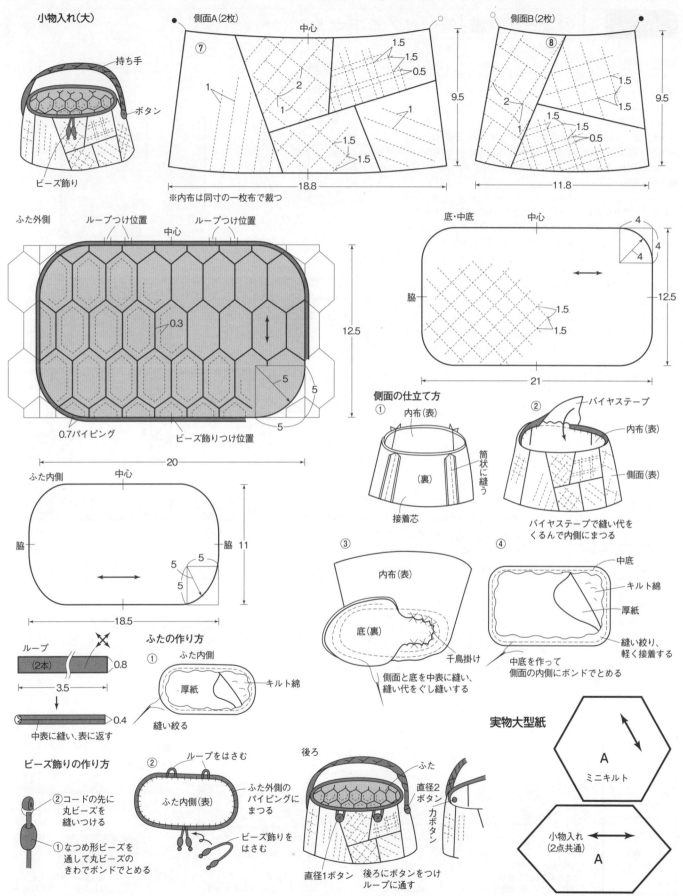

37 page 「のこぎりの歯」のバッグとポーチ

●用尺と材料
バッグ ピーシング用はぎれ各種　持ち手用ベージュ55×35cm（口布分含む）　底用布25×20cm　接着芯90×35cm　長さ計15cm　ナスかん・Dかんつき革ひも1組　1cm幅革テープ11cm　長さ4cm　木製パーツ1個

ポーチ ピーシング用はぎれ各種（パイピング、タブ分含む）　後ろ用布25×15cm　キルト綿、裏打ち布各35×30cm　接着芯25×50cm　26cmファスナー1本　直径1.5cmマグネットボタン1組

●作り方順序
バッグ　ピーシングして側面のトップを2枚作る→キルト綿と裏打ち布を重ねてキルティングする→脇を縫う→底をミシンキルティングで作り、側面と中表に合わせて縫う→中底を作ってまつりつける→口布にナスかん・Dかんつき革ひもをはさんで2枚を縫い合わせ、さらに輪に縫う→口布を本体につける→持ち手を作ってつける→木製パーツを通した革テープをつける。

ポーチ　ピーシングして前のトップを作り、キルト綿と裏打ち布を重ねてキルティングする→後ろも同様にキルティングする→前と後ろを中表に合わせて底で接ぎ合わせる→内布にポケットを縫いつける→側面と内布を外表に重ねて周囲を縫い、パイピングする→タブを作ってつける→ファスナーをつける→脇を巻きかがりする→マグネットボタンをつける。

●作り方のポイント
・マグネットボタンのつけ方は39ページ参照。
・ポーチの内布、ポケットには接着芯を貼っておく。

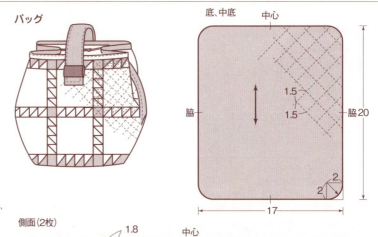

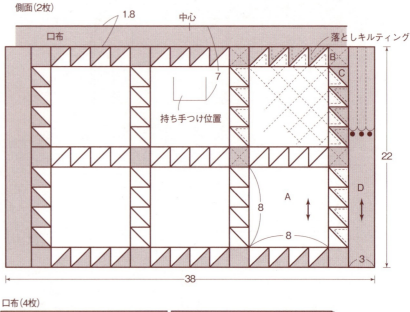

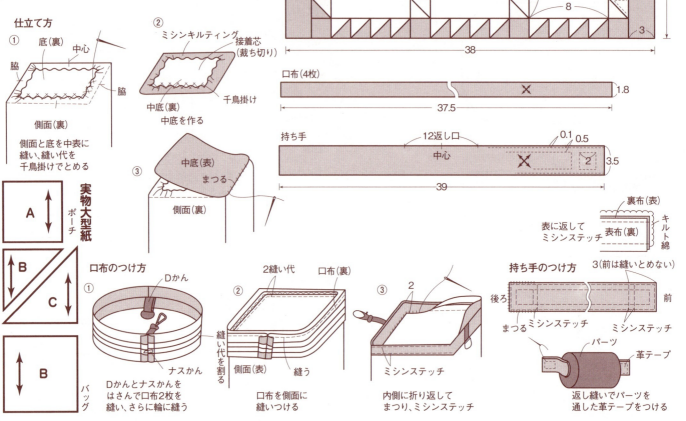

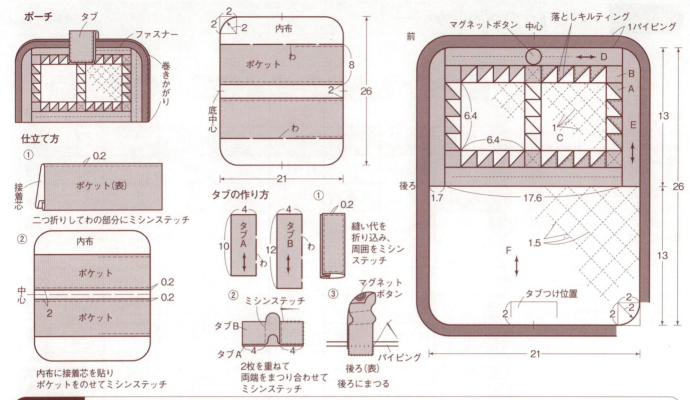

44 page 刺しゅうのクッション

とじ込み付録裏⑥

●用尺と材料
ふた用ウール6種各20×15cm　前、後ろ用ベージュ（ふた裏布分含む）110×55cm　くるみボタン、ループ用布各適宜　接着キルト綿55×25cm　長さ42cmファスナー1本　直径2.5cmくるみボタン5個　3番刺しゅう糸各種　50×40cmヌードクッション1個

●作り方順序
ふたはウールにそれぞれ刺しゅうをして接ぎ合わせ、接ぎ目に刺しゅうをする→ループを作って仮どめする→ふた裏布に接着キルト綿を貼り、表布と中表に合わせ、返し口を残して周囲を縫い表に返す→くるみボタンを作って前につける→後ろにファスナーをつける→前と後ろを中表に合わせてふたをはさみ、周囲を縫う。

●作り方のポイント
・刺しゅうのさし方は89ページ参照。
・ファスナーのつけ方は69ページ参照。

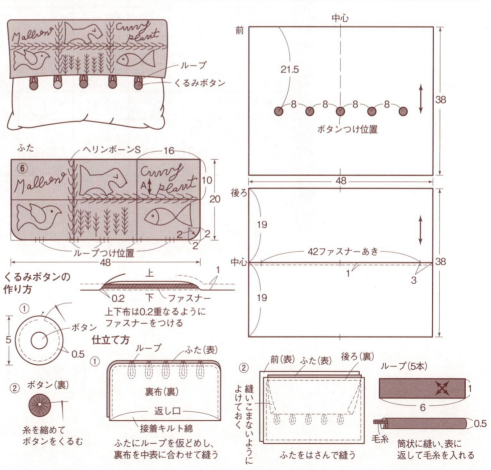

44 page 刺しゅうのベッドカバー

とじ込み付録裏⑤⑥

●用尺と材料
ピーシング用ウール各種（飾り布分含む）　接着キルト綿、裏布各110×400cm　3番刺しゅう糸各種

●作り方順序
刺しゅうをしたウールを接ぎ合わせ、接ぎ目に刺しゅうをしてトップを作る→飾り布を作る→裏布に接着キルト綿を貼り、トップと中表に合わせて返し口を残して周囲を縫う（このとき飾り布をはさみつける）→周囲にミシンステッチをして、さらに刺しゅうをする。

●作り方のポイント
・刺しゅうの仕方は89ページ参照。
・アップリケや刺しゅうは好みの位置にする。
・文字はすべてアウトラインステッチかコーチングステッチで好きな英語をさす。

飾り布の作り方

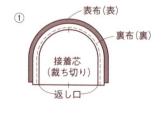

裏布と表布を中表にして縫い、表に返す

周囲にブランケットS

42 page ウールのマット

- **用尺と材料**
  アップリケ用ウール地各種　台布用ウール110×130cm　5番ウール刺しゅう糸各種

- **作り方順序**
  裁ち切りの台布に、裁ち切りのモチーフを刺しゅうでアップリケする。

- **作り方のポイント**
  ・モチーフと台布はすべて裁ち切りにする。
  ・アップリケして2重円、3重円のモチーフを先に作っておき、下になるモチーフから台布にアップリケする。
  ・ウールはすべて紅茶で染めておくと扱いやすい(紅茶染めの仕方は25ページ参照)。
  ・刺しゅうのさし方は89ページ参照。

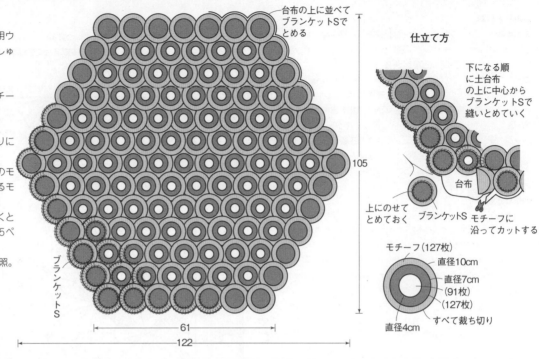

33 page 木の実のリース

とじ込み付録裏④

- **用尺と材料**
  モチーフ用はぎれ各種　直径27cmリース台1個　クルミ13個　直径1mmワイヤー適宜

- **作り方順序**
  a〜dで葉のモチーフを作る→リース台のすき間に、モチーフをさす→クルミにワイヤーをさし、リース台にボンドでつける。

- **作り方のポイント**
  ・モチーフの裏布は型紙を裏返して使い、対称形に裁つ。
  ・モチーフは下から上に向かって、または左から右に向かってと流れるようにさすとよい。

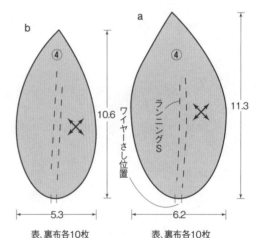
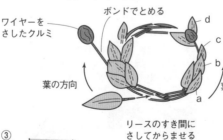
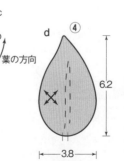
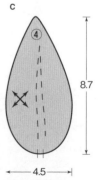

page　お花のパターンの3点セット

●用尺と材料
ミニキルト　アップリケ、ピーシング用はぎれ各種　C、D用チェック55×35cm　パイピング用布55×30cm　キルト綿、裏打ち布各55×50cm　直径0.6cmビーズ適宜
コインケース　アップリケ、ピーシング用はぎれ各種(パイピング、つつみボタン分含む)　キルト綿、裏布各30×15cm　長さ14cmファスナー1本　直径0.2cmコード7cm　直径1.3cmつつみボタン用芯2個
バッグ　アップリケ、ピーシング用はぎれ各種(パイピング分含む)　茶チェック90×30cm(底分含む)　2.5cm幅バイヤステープ130cm　キルト綿、裏打ち布各90×35cm　接着キルト綿35×60cm　5番刺しゅう糸各種

●作り方順序
ミニキルト　パターンをピーシング、アップリケする→C、Dを接いでトップを作る→キルト綿、裏打ち布を重ねてキルティング→周囲をパイピングで始末する。
コインケース　側面をピーシング、アップリケする→キルト綿、裏打ち布を重ねてそれぞれキルティング→周囲をパイピングで始末する→ファスナーをつける→周囲を巻きかがりする。
バッグ　パターンをピーシング、アップリケして横に5枚ずつ接ぎ、刺しゅうする→キルト綿、裏打ち布を重ねてそれぞれキルティング→Kを一枚布で裁ち、同様にキルティング→パターンとKを接ぎ、側面を2枚作る→側面2枚の脇を縫い、底を中表に縫う→中底をまつる→持ち手を作ってつける。

●作り方のポイント
・バッグの縫い代は、2.5cm幅のバイヤステープを縫いつけ、縫い代ごと片側に倒して始末する。
・バッグの底と中底は一枚布で裁ち、接着キルト綿と裏打ち布を重ねてミシンキルティングする。

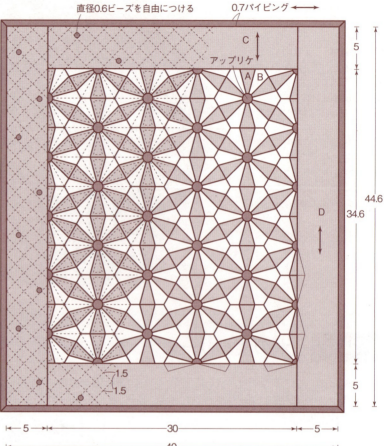

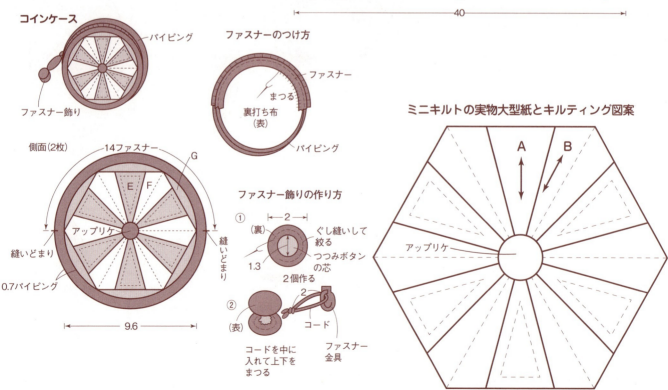

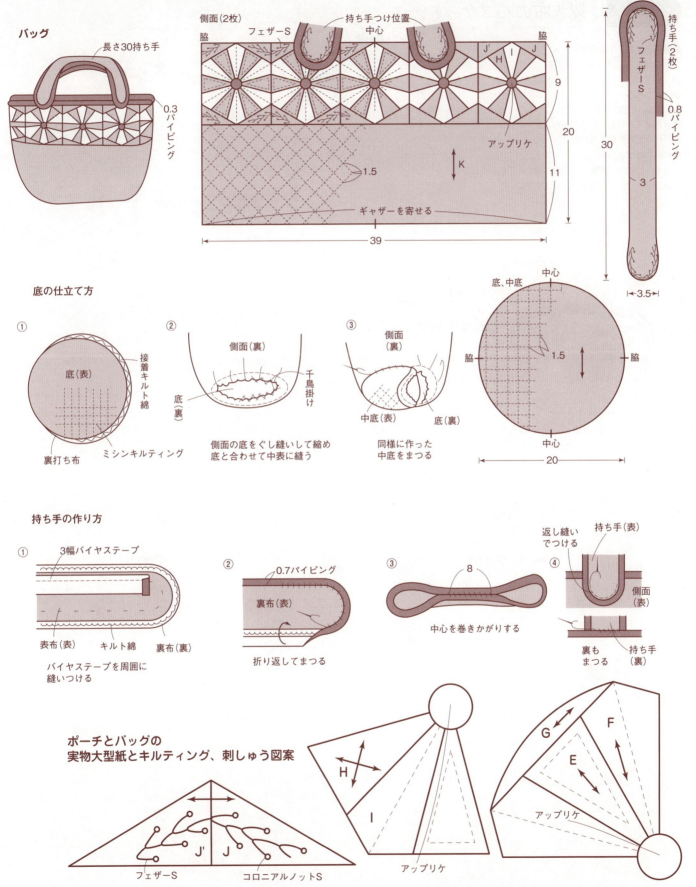

47 page 裂き布のバスケット2点

- ●用尺と材料(1点分)

  裂き布用布、24番ワイヤー各適宜　持ち手用直径2mmワイヤー80cm 長さ18cm(小は8cm)糸巻き1個

- ●作り方順序

  布を2cm幅に裂き、結んでつないでおく→24番ワイヤーを編み込みながらかごを編む→直径2mmワイヤーを糸巻きに通して持ち手を作り、先を丸めて編み目に引っ掛ける。

- ●作り方のポイント
  ・裂き布は自由に配色し、口の1段のみ同色で編む。
  ・針金の先は丸めて裂き布の中に隠す。

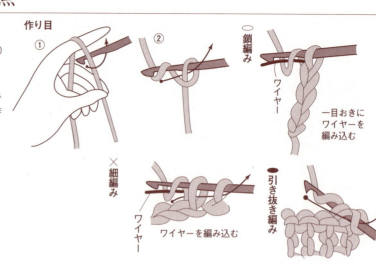

○=鎖編み
×=細編み
⋎=細編みを2目編む
●=引き抜き編み

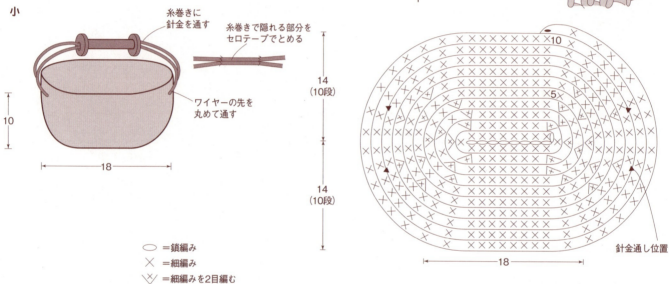

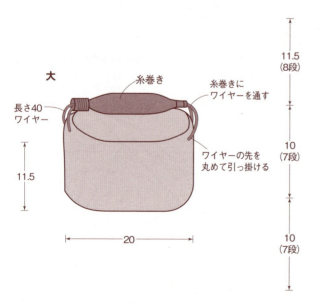

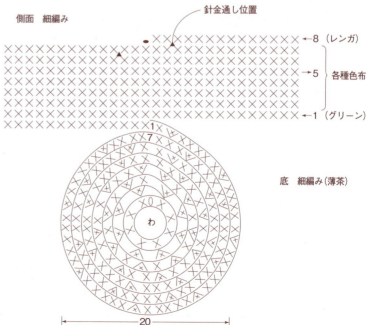

49 page スノードロップのバスケットと小物入れ

とじ込み付録裏①〜③

●用尺と材料
バスケット ピーシング、アップリケ用はぎれ各種 裏布用茶チェック70×30cm（棒通し布、パイピング分含む） キルト綿、裏打ち布各30×60cm 厚紙50×20cm 高さ15cmカゴ1個 長さ28cm棒1本

小物入れ アップリケ用はぎれ各種 ページュチェック45×20cm（表ふた、裏ふた、ふた底分含む） キルト綿20×30cm 厚紙30×20cm 高さ5cmブリキかん1個

●作り方順序
バスケット ピーシングとアップリケをして、ふたのトップを作る→キルト綿を重ねてキルティングする→裏布を外表に重ね、バイヤステープを中表に重ね、周囲を縫う→縫い代を0.5cmに裁ち揃えてから、バイヤステープでくるんでまつる→厚紙を中に入れて、2.5cmのバイヤステープを同様に縫いつけ、縫い代ごと裏に折り返してまつる→棒通し布を作り、棒を通してふたを縫いつける。

小物入れ アップリケをしてふたのトップを作る→キルト綿を2枚重ね、周囲をぐし縫いして厚紙を入れる→裏ふたをまつりつける→ふた底を作り、ボンドでつける。

●作り方のポイント
・表ふたはぐし縫いして縮める分、縫い代を多めにつけておく。
・厚紙はすべて裁ち切りで用意する。

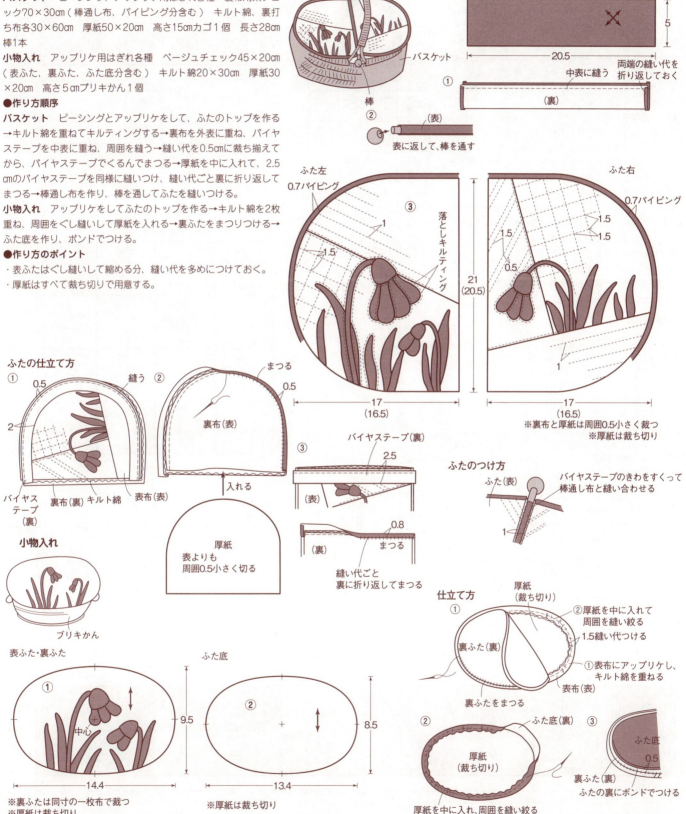

46 page 冬のお出掛けセットのバッグとマフラー

とじ込み付録表⑬⑭

●用尺と材料

バッグ アップリケ、ピーシング用ウールはぎれ各種（飾り分含む） 口布用茶ウール70×25cm（タブ分含む） キルト綿、裏打ち布各110×40cm 接着芯35×20cm 直径1.5cmマグネットボタン1組 差し渡し3cmくるみ型ループエンド2個 直径0.4cmコード20cm 長さ50cm革製持ち手1組 25番茶刺しゅう糸、手芸綿各適宜

マフラー ピーシング用ウールはぎれ各種 裏布20×115cm ウール刺しゅう糸各種

●作り方順序

バッグ Aにアップリケしてピーシングする→キルト綿と裏打ち布を重ねて刺しゅうする→側面2枚を縫い合わせる→口布を2枚作り、脇を巻きかがりで接ぐ→側面と口布を縫い合わせる→持ち手をつける→タブと飾りをつける→マグネットボタンをつける。

マフラー ピーシングしてトップを作る→裏布と中表に合わせて返し口を残して周囲を縫う→表に返して返し口をとじる→タフティングを施す。

●作り方のポイント

・バッグの脇の巻きかがりは表布のみをすくう。
・バッグの口布の裏打ち布は裁ち切りの接着芯を貼る。
・ポーチのタフティングの仕方は50ページ参照。

基本の刺しゅう
※Sはステッチの略 〈50音順〉

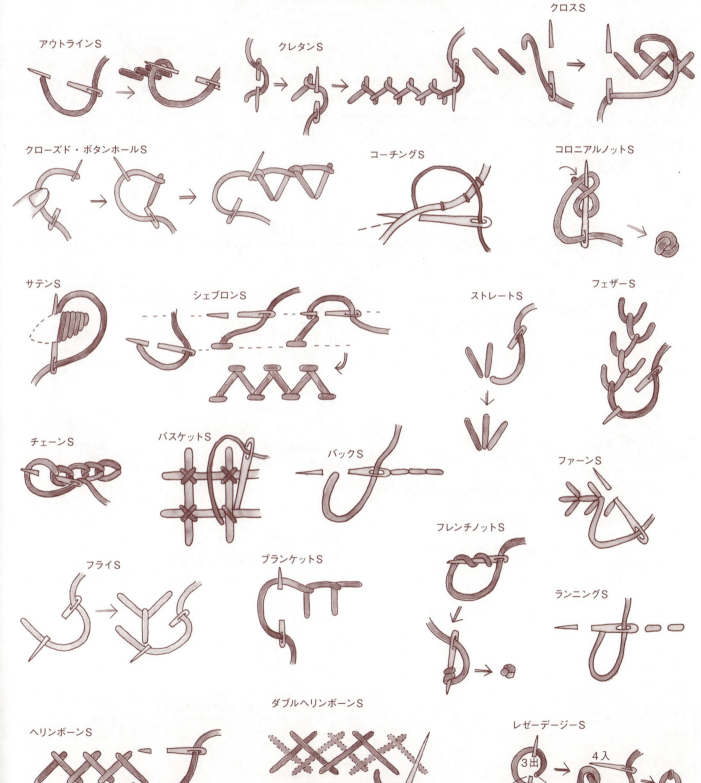

15、22ページの作品の刺しゅうは、下の縮小図案を参考にしながら自由に刺す

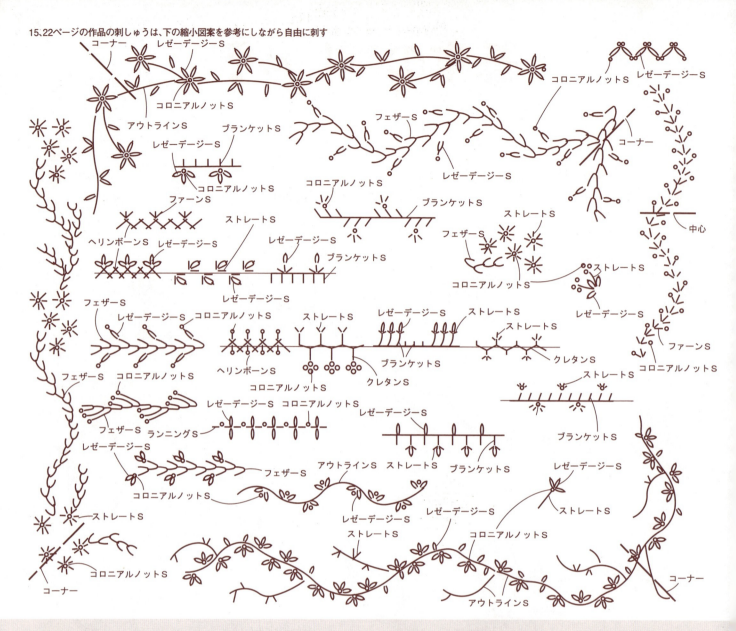

製作協力／キルトバーム
秋葉葉子　石橋洋美　伊藤和子　伊藤美智子　鵜沢美代子　梅田禎子
岡本初子　小野富美子　亀野祥子　小林博子　里内恵美子　鈴木幸江
庭山桂子　長谷部典子　深沢洋子　石田美智子　亀田静加　小平浩子
宮城恭子

撮影／綾部年次（表紙、3～7、9～13、15～33、36～50ページ）
　　　山本和正（8、14、34、35ページ）
スタイリング／越川良一
レイアウトデザイン／林久美子
作図／加藤小夜子　木村倫子　外川加代　轟凡愛　中嶋由美子　三林
よし子　横田めぐみ
トレース／共同工芸社　中嶋由美子
編集／佐々木純子　磯部理恵子

撮影協力／
イマンモンプルミエ（自由が丘）
TEL03-5731-2730
カントリーイン オーチャードハウス（清里）
TEL0551-48-2929
カントリースパイス（自由が丘）
TEL03-3705-8444

パッチワーク通信社のホームページ
http://www.viq.com
パッチワーク通信社の新刊本、既刊本がインターネット通販で購入できます。題名、著者名、作家名、パターン名、テクニック名などで本が検索でき、その場で買える便利なシステムです。パッチワークや手作り関連のリンクも充実。イベント情報もありますので、ぜひアクセスを！

レッスンシリーズ　4つのキルトの物語　古澤惠美子

発行人／天野義弘
編集人／佐々木純子
発行／株式会社パッチワーク通信社
　　　〒113-0033　東京都文京区本郷5-28-3
　　　TEL 03-3816-5538（代表）　TEL 03-3816-1002（編集部）
　　　TEL 03-3816-5140（販売部）　FAX03-3816-5530（販売部）
　　　振替口座　00120-2-112744
製版／株式会社ローヤル企画
印刷／図書印刷株式会社
製本／共同製本株式会社

©㈱パッチワーク通信社 2006　本誌に掲載の記事、イラスト、写真などの私的使用以外の利用は固くお断りします。